1年間で

学級・学校経営が

劇的に変わる
教師の一般教養

文溪堂

まえがき

「○月号の原稿を、初任者研修の参考資料に活用させてもらいました」
「○月号の原稿を、職員への学級経営の指導に役立たせてもらいました」
「○月号の原稿を、五年次教員研修の講話の資料に活用させてもらいました」

これは、私が二〇一六年度から連載をはじめ、本年度で六年目となる文溪堂の月刊誌『道徳と特別活動』の原稿を活用してくださった研修会の指導者や校長先生方からいただいた言葉です。また、尊敬する先輩の先生から「この連載を本にすると先生方は参考になるよ」と後押しをしていただいたことも本書刊行のきっかけとなりました。

学級経営の内容は多岐にわたります。そして、その具体的な手法は一様ではありません。

一見、効率のよいように感じる手法も、時には「集団に個が埋没する」という実践が散見されます。学級の凝集性を高めようとするあまり、かえって集団に適応できない子供をつくり、子供の中に序列意識を生み出してしまうこともあります。勉強の得意な子もそうでない子も、運動の得意な子もそうでない子も、学級の全ての子供たちの居場所となり、どの子も学級の大切な一員としての役割を担い、自己実現できるような学級経営を目指していきたいものです。

大学を卒業したばかりの初任者もベテランの教師も、小学校でも中学校でも、まだどの学年でも学級経営を行うことに変わりはありません。

そして今、中学校にも学習指導要領に学級経営の重要性が盛り込まれました。

しかし、学級経営には、教科書がありません。

本書では、学習指導要領の理念を基本とし、学級経営に関わる様々な視点を取り上げ、教師と参考にしていきたい「教師の一般教養」として具体的なエピソードを交えて簡潔に解説しました。学級担任のみならず、教育行政や管理職にある先生方にもご活用いただけましたら幸いです。なお、本書の刊行に当たって、文溪堂の国分一馬様には、プロットの段階から親身になってサポートをしていただき感謝に堪えません。

本書が、「全ては子供たちのために、全ての子供たちのために」との子供愛に満ちた情熱溢れる先生方の一助になることを願っています。

令和三年十月

著者　稲垣孝章

もくじ

第1章

新年度準備の一般教養

第1章

1 学級経営の内容

あの先生の学級経営は、見事ですね。子供たちが授業に集中していました。

指導主事時代に、学校指導訪問での授業参観後に、指導者控室に戻ってきた担当の指導主事がよく言葉にしていたフレーズです。

何となく分かりますが、少し違和感を抱く言葉でもありました。ここで言う「学級経営」とは、どのような意味で用いられているのでしょうか。

もし、授業に集中している様子が、教師の「管理」を中心に形成されており、子供が教師への「服従」という関係にあり、教師の求めるような振る舞いをしているという学級として保たれる秩序であれば、その学級は必ずしも子供にとって過ごしやすい場所とは言えないかもしれません。また、そのような教師の力による「学級づくり」を行っていると、子供たちが学級や学校で生じる諸問題を自律的に解決する個人を育てたり、集団として**自治的**に解決する人間関係や協力して活動したりする学級を創造することは困難となります。

用語解説

〔自治的〕

教師の適切な指導の下、子供たちが自分たちの所属する集団で、民主的な手続きによって決めたことに従って行動すること。

そもそも「学級づくり」には、教師の指導技術の探究から展開されている「班・核・討議づくり」に代表される「生活集団づくり（**集団主義教育**）」と、この集団主義教育の批判から生じた、子供の自主的、実践的な活動の探究から展開されている「**個を生かす集団づくり**（支持的風土等の概念）」の実践が行われてきました。現在、教育課程に位置付く「特別活動」の分野では、後者の考えを基に実践活動が展開されていることになります。

では、一般的によく用いられている「学級経営」という言葉には、具体的にはどのような「内容」が包含されているのでしょうか。次の分類は、元文部科学省視学官で特別活動を担当されていた宮川八岐氏の理論を取り上げたものです。本書においては、この後、学級目標の設定の仕方や授業の効果的な指導方法、教室環境や学級活動を中心とした集団経営、保護者との連携の在り方等について、指導のポイントを取り上げながら解説していきます。

ポイント

●学級経営の内容

ア　学校教育目標、重点課題等に関する基本姿勢

学級の実態を踏まえた学級担任としての学級教育の方針「学級目標の設

用語解説

〔集団主義教育〕

集団の構成員としての自覚、連帯感と相互批判、共同的な活動を通じて社会的人間的資質を培うことを原理とする教育。

用語解説

〔個を生かす集団づくり〕

集団内の一人一人の成員が個性を生かし、自他の違いを尊重しながら集団の文化を創造する教育活動を展開すること。

定」など

イ　学級における教育課程の実践・経営

教科領域等の指導充実に向けた効果的な展開など

ウ　学級における教室（環境）経営

教室環境構成、掲示等の計画、座席配置、美化や安全など

エ　学級における集団経営

学級組織、児童・生徒理解、人間関係づくりや教育相談の計画、集団活動や生活指導等の構想など

オ　学級におけるその他の経営

保護者・地域等との連携、校内・学年組織の役割、学級事務など

2 生徒指導の原理

あの学級は、生徒指導が徹底されていなくて、私の指示を聞かないで困ります。

この言葉は、家庭科担当の教師が職員室で嘆いていた言葉です。この言葉で取り上げられている「生徒指導」の認識はいかがなものでしょうか。

生徒指導とは、一人一人の子供の個性の伸長を図りながら、同時に社会的な資質や能力・態度を育成し、さらに将来において社会的に自己実現ができるような資質・能力を形成していくための指導・援助であり、個々の子供の自己指導能力の育成を目指すものです。

ゆえに、**反社会的行動**や**非社会的行動**を矯正したり治療したりすることに主なねらいがあるのではありません。また、きまりの遵守として、決められたことを決められたとおりに実行する子供を育てることをねらいとしているものでもありません。

生徒指導の究極のねらいは、子供の中に「自己指導能力」を育てることにあります。「自己指導能力」とは、そのとき、その場で、どのような行動をとることが適切か

用語解説

〔反社会的行動〕
青少年の問題行動の一つとして捉えられる社会的規範から逸脱した行動（暴力行為、いじめなど）。

用語解説

〔非社会的行動〕
自身の社会的な立場から意図せず乖離することで、周囲に悪影響を与えてしまうような行動（不登校、ひきこもりなど）。

について、自分で考え、自分で決めて、実行する能力を言います。どのような行動が適切なのかを決める際の判断基準は、「他の人の主体性の尊重」と「本人の**自己実現**」です。具体的には、「他の人のためにもなり、自分のためにもなる」という行動を子供が自分自身で決めることです。つまり、教師には、子供自身が正しい判断をすることができるようにすることと、子供自身に自発的なやる気を育てることが求められます。

生徒指導の機能が有効に作用し、子供に自己指導能力を育てるためには、指導上の留意点として次の視点を重視していくことが大切です。

○子供一人一人の独自性、個別性を大切にし、「自己存在感」を与えます。
○教師と子供、子供相互の間に、「共感的な人間関係」を育成します。
○子供に「自己決定」の場を与え、自己の可能性の開発を援助します。

これらを踏まえ、具体的に生徒指導をどのような考え方で進めるかということが重要となります。もし、「結果がよければ、全てよし」という考え方になると、そのために手段を選ばないということになりかねません。

用語解説

〔自己実現〕
自己が本来もっている真の絶対的な自我を完全に実現すること。自分らしく生きること。

例えば、集団として「忘れ物ゼロを目指そう」というねらいで生徒指導を行う場合、グループ競争を用いたり、忘れ物調べ表を教室の壁に貼ったり、グループの連帯責任にしたり、忘れ物をした子供に罰当番をさせたりして成果を得るという手法も考えられます。しかし、このような手法は、生徒指導の人間観の理解に問題があります。

ポイント

●「生徒指導の原理」四つの視点

①生徒指導は、子供を「主体的存在・独自的存在」とする人間観に立っています。
②生徒指導は、子供の内に「自己指導能力」を育てることをねらいとしています。
③生徒指導は、子供に「自己存在感（自尊感情）」を与えるようにします。
④生徒指導は、「人間的触れ合い」を基盤にして行われます。

生徒指導における子供理解

教師の意図は分かりますが、あの授業は指導方法が中心で、子供が抜けていましたね。

ある学校の研究発表会に出向いたとき、指導者の控室で研究担当の指導主事が話していました。

実は、私も同感でした。授業者としては、これまでの研究を何とか参観者に伝えたいという思いであったと思います。しかし、研究は子供の実践からスタートするものです。

本来、教育実践が成果を上げるための大前提は「子供理解」にあります。人は理解してくれている人には安心して心を開きますが、理解してくれていない人に対しては拒否的になり、心を閉ざしたまま対応するものです。

「個々の子供をどのように理解し指導に当たるか」、また「**人格**の発達についての一般的な傾向とその特徴はどのようなものか」という二つの視点をもつことが教師には求められます。

用語解説

〔人格〕
独立した個人としてのその人の人間性。その人固有の人間としての在り方。

子供理解には様々な視点があります。次に、五つの実態把握の視点を取り上げます。

①身体的な能力、知的な能力、学力など、個々の「能力」を把握します。
②個に応じた指導の手立てを講じるため「性格的な特徴」を把握します。
③子供の日常生活に直接関連する「興味や要求や悩み」などを把握します。
④学校内外を通じてどのような友人と交流があるのか「交友関係」を把握します。
⑤物理的、客観的な条件だけでなく家族の人間関係など「家庭環境」を把握します。

子供の人格の発達については、身体的な発達、知的な発達、情緒的な発達、社会性の発達など、**発達の段階**に応じた様々な発達的な特徴が見られます。ここでは、幼児期から青年期における社会的な発達としての「仲間関係の発達」について取り上げます。

ポイント

●幼児期の仲間関係

保育園や幼稚園で集団生活を送るようになると、「特定の友達」という意識が生じてきます。特定の友達と互恵的な関係を形成し、年長児では「仲間」と

用語解説

〔発達の段階〕
人の発達を行動の質的差異によって特徴付けられる段階に分割すること。心理的・身体的発達がどのように進行するかは様々な見解がある。

いう意識で関わるようになります。

●児童期の仲間関係

　低学年では、学級の遊び仲間を「友達」として捉え、中学年以降には同性で同年齢が集まり、自発的に「仲間集団」を形成します。特に、男児に特徴的でメンバーの結束が強く、集まって一緒に遊ぶことを楽しみます。高学年になると、特定の友人と密接な関わりをもつようになり、親や教師よりもその中の関係が強くなります。女児の方が友人集団の規模が小さくなりがちで、集団内の親密性や集団外への排他性が高まります。仲間関係が形成されてくると、子供の中に集団内での地位の差が生じてきます。ゆえに、どの子供も活躍できるような場を設定する「**場面リーダー制**」を踏まえた学級経営が求められるのです。

●青年期の仲間関係

　青年の仲間関係は、人間関係の中核となります。相互に自己の存在を確認し合う「親友関係」の確立が、特に中学生前後の発達課題とされます。友人が緊張や不安、孤独などの否定的感情を緩和・解消する存在となり、自分の行動や自己認知のモデルとなります。

用語解説

〔場面リーダー制〕

　支え合う集団をつくるために、どの子供にもリーダーシップを発揮できる場面を設け、活躍の場を与える手法。

個性の伸長

あの人は個性的な人ですね。

このように言われたとき、どう感じるでしょう。

まずは、教師自身が「**個性**」という概念を正しく捉えて学級経営に当たる必要があります。ここで言う「個性」とは、単に他者との比較によって、特別な行動などをすることを指すものではありません。「個性」の構成要素には、他と協調する「社会性」の概念も包含するという捉え方から、独善で自己中心的な言動は「個性」とは捉えないことになります。

今次の学習指導要領では、その前文に「一人一人の児童が、自分のよさや可能性を認識するとともに、あらゆる他者を価値のある存在として尊重し、多様な人々と**協働**する」ことの大切さを示しています。このような考え方を踏まえ、「個性の伸長」を図るために、「子供のよさや可能性」を見取ることができるように、次のような「教師自身の自己評価の視点」をもって指導の手立てを講じていくことが求められます。

用語解説

〔個性〕
個々の人または個々の事物に備わった、そのもの特有の性質や特徴のこと。

用語解説

〔協働〕
複数の主体が、何らかの目標を共有し、対等な立場でともに力を合わせて活動すること。

○教師が子供一人一人のよさや可能性を把握するように努めているか。
○学級内の子供について、ほかの教師から情報を得るように努めているか。
○子供一人一人が自分のよさや可能性を発揮できる場面を設定しているか。
○子供が自分のよさや可能性に気付くような手立てを講じているか。
○子供が自分のよさや可能性を伸ばすために自己決定する場面を設定しているか。
○個々の子供のよさや可能性を学級全体で認め合う支持的な雰囲気があるか。
○個々の子供のよさや可能性は他との比較ではないという認識が学級内にあるか。
○教師が子供のよさや可能性の伸長の状況を総合的に評価しているか。

このような視点を踏まえ、教師は「子供が関わり合う場面」を意図的に設定するとともに、「一人一人が活躍できる場面」を取り入れるため「場面リーダー制」を活用することが求められます。さらに、子供たちが「互いのよさを認め合う場面」を積極的に取り入れていくことが肝要です。その際、次のような配慮事項を踏まえることが大切です。

ポイント

●「個性の伸長」を図る指導上の配慮事項五つの視点

①学習や生活の基礎基本となる指導事項を根気強く指導していきます。（基本的な行動の在り方、基礎的な学力、基本的な学習意欲や態度の育成など）

②子供一人一人に内在する能力が発揮できるような指導に努めます。（学習方法の習得、自己評価能力、思考力、自分なりの表現力の育成など）

③集団の一員として自分の役割を自覚できるようにします。（集団への適応、活動での協働性、相互啓発の関係性、集団目標達成への取組など）

④個のよさを生かす学級集団としての環境づくりを行います。（多様な見方・考え方の受容、排他的な雰囲気の排除、個に応じた指導など）

⑤意図的によりよい生き方につながる活動に取り組みます。（自主的な態度、価値形成、社会性の育成、**生涯学習**への接続など）

用語解説

〔生涯学習〕

人々が自己の充実・啓発や生活向上のために、主体的に生涯を通じて行う学習のこと。

第1章
5

発達障害の理解

職員室で、あるベテラン教師が疲れ切ったような顔をして話しました。本来、「困っているのは子供」なのですが、**発達障害**の正しい認識とその対応が分からず、教師がその子供を「困った子」と認識してしまったケースです。しかし、このような現状が昨今は散見されます。

文部科学省が平成二十四年に実施した「通常の学級に在籍する発達障害の可能性のある特別な教育的支援を必要とする児童生徒に関する調査」では、「学習面で著しい困難を示す」子供の割合が四・五パーセント、「行動面で著しい困難を示す」子供の割合が三・六パーセント、「学習面又は行動面で著しい困難を示す」子供の割合が六・五パーセントと報告されました。つまり、単純化して考えると、四十人学級には特別な支援を要する子供が二、三人在籍しているという計算になります。ゆえに、発達障害の特性の理解とその対応を検討する必要があります。

用語解説

【発達障害】

自閉スペクトラム症、アスペルガー症候群その他の広汎性発達障害、学習障害、注意欠陥多動性障害その他これに類する脳機能の障害であってその症状が通常低年齢において発現するものとして政令に定められるもの。（発達障害者支援法）

発達障害は、「見えにくい障害」とも言われています。物事にうまく取り組めない原因は、発達障害によるつまずきや困難というより、冒頭の発言にあるように「わがまま」や「努力不足」「やる気がない」などの問題であると受け止められがちなことです。

LD（学習障害）、ADHD（注意欠陥・多動性障害）、自閉スペクトラム症などの特性は、生まれつきの特性であり、生涯にわたる特性でもあります。発達障害のある子供は、特性に応じた適切な支援があれば、適応状態は改善していくものです。

行動観察からつまずきや困難さの実態を把握し、対応を考えていく際には、担任教師だけではなく、管理職をはじめ**特別支援教育コーディネーター**など複数の目で検討し、理解を図ることが求められます。必要に応じて、外部の専門家から助言を得たり、校内で事例検討を行ったりして協力体制で対応を工夫していきます。特に、適切でない「関わり」や「環境」は二次的障害を招いてしまうことに留意しなければなりません。

次に、発達障害の特性に応じた基本的な対応の在り方を取り上げます。

用語解説

〔特別支援教育コーディネーター〕

障害に対する教職員の理解を高め、個々の子供のニーズに応じた教育を実施するために、校内研修の企画・運営や教育相談の窓口などを担う教員のこと。

ポイント

●ＬＤのある子供への対応

難しいこと、できないことなどのつまずきや困難さを把握するだけでなく、得意なことや好きなことを把握しておくことが求められます。自信や意欲を失いかけている子供に対して、得意なことやできていることを認め、**自尊感情**や自己肯定感を高めるようにしていきます。

●ＡＤＨＤのある子供への対応

行動面や感情面の自己コントロールの仕方を身に付けることができるようにその都度、行動の在り方を振り返るとともに、全体ができていなくても、部分的でも本人が努力していることを認めることができる環境を整えることが求められます。また、必要に応じて、薬の利用など医療機関との連携を図ることが有効な場合も少なくありません。

●自閉スペクトラム症の特性のある子供への対応

自閉スペクトラム症の特性のある子供は、突然の予定変更が苦手なので、先の見通しをもつことができるように具体的に指示したり、予定変更のある場合にはあらかじめ伝えておくなどの対応が求められます。場面や状況ごとに言葉掛けや対処の仕方を具体的に教えていくことが重要です。

用語解説

〔自尊感情〕

自分に対して肯定的な評価を抱いている状態や自分を価値ある存在として捉える感覚。

第1章

6 いじめ問題の理解と対応

いじめ問題は、深刻化するとともに潜在化していて、把握が難しいのが現状です。

最近のいじめは携帯電話やパソコンの介在により、一層見えにくいものとなっています。教師は、いじめはどの子供にも、どの学校でも起こり得るものとして、また、誰もが加害者にも被害者にもなり得るものであることを十分に認識する必要があります。

●いじめの定義

児童生徒に対して、当該児童生徒が在籍する学校に在籍している等当該児童生徒と一定の人的関係のある他の児童生徒が行う心理的又は物理的な影響を与える行為（インターネットを通じて行われるものも含む。）であって、当該行為の対象となった児童生徒が心身の苦痛を感じているもの。

いじめは、「意識的」かつ「集合的」に行われます。いじめられる子供は、他者との関係を断ち切られ、絶望的な心境に追い込まれます。そこには、ある個人を意図的に孤立させようとする集団の構造が潜んでいます。いじめは、「いじめる側」と「いじめられる側」の二者関係だけの成立ではありません。そこには、他の子供の存在が関わっています。

●いじめの構造：「観衆」として、はやし立てたりおもしろがったりする存在。「傍観者」として、周辺で暗黙の了解を与えている者。「傍観者」の中から、いじめを抑止する「仲裁者」が表れるような学級経営が望まれます。

いじめる側の心理には、子供の不安や葛藤、劣等感、欲求不満などが潜んでいることが少なくありません。これらの把握は、対応の方向性への示唆の獲得だけでなく、その視点で子供を見ることでいじめの未然防止にもつながります。

●いじめる側の心理
○心理的ストレス（ストレスの解消）　○遊び感覚やふざけ意識
○集団内の異質な者への嫌悪感情（**凝集性**が過度に高まった学級集団など）
○妬みや嫉妬感情　○いじめの被害者となることへの回避感情等

大津市での中二いじめ自殺事件が誘因となり、平成二十五年に制定された「いじ

用語解説

【凝集性】
集団が成員を引き付け、その集団の一員であり続けるように動機付ける度合いのこと。

め防止対策推進法」第三章第十五条「学校におけるいじめの防止」には次のような記載があります。

> 「**学校の設置者**及びその設置する学校は、児童等の豊かな情操と道徳心を培い、心の通う対人交流の能力の素地を養うことがいじめの防止に資することを踏まえ、全ての教育活動を通じた道徳教育及び体験活動等の充実を図らなければならない」

そして、具体的な対応として第十六条以降に「いじめの早期発見のための措置」「関係機関との連携等」「人材の確保及び資質の向上」「インターネット対策」「調査研究の推進」「啓発活動」、第四章で「いじめの防止等に関する措置」を取り上げています。

いじめは対人関係における問題であるという視点に立ち、子供同士の心の結び付きを深め、社会性を育む教育活動を展開する必要があります。人権感覚を養うとともに、共同社会の一員であるという市民意識と、社会の形成者としての資質を育成するための開発的・予防的な生徒指導の視点に立った学級経営を実践する指導が求められています。

用語解説

〔学校の設置者〕

学校の設置者は、学校を設置する地方公共団体（市町村）。

第1章 7

新型コロナウイルス感染症への対応

この筒は、今日、学級でやるオリンピック集会で使うリレーのバトンです。

この言葉は、朝、校門で子供を迎えていた教頭先生が、細長い筒のような物を手に持って、笑顔で登校する六年生に「何を持っているの」と尋ねたときの回答です。

小学校生活最後の運動会も例年どおりに実施できませんでした。そこで、学級でオリンピック集会をすることになりましたが、**三密**を避けなければなりません。冒頭の細長い筒を活用したバトンは、その一つです。子供たちに内在する、たくましく生きていく力に、勇気をもらったと話される教頭先生の姿が印象的でした。

しかし、教師側からは、昨日まで真剣に協議して定めた方向性が、感染の拡大に伴って一夜にして大幅な変更を余儀なくされたことが何回もあり、心身ともに疲れていますとの声も多く聞きました。

文部科学省が令和三年九月九日に発出した事務連絡では、「学校教育活動の継続」として、次のように示しています。

用語解説

【三密】

三密（三つの密）とは、「密閉・密集・密接」から名付けられた新型コロナウイルス関連の言葉。

> 学校においては、地域の感染状況を踏まえ、学習活動を工夫しながら、可能な限り、**学校行事**や部活動等も含めた学校教育活動を継続し、子供の健やかな学びを保障していくことが重要であること。修学旅行等（修学旅行、遠足、社会科の見学、移動教室、体験活動などの校外で行う活動を含む。）についても有意義な教育活動であるため、その教育的意義や児童生徒等の心情等を踏まえ、〈中略〉適切な感染防止策を十分に講じた上でその実施について御配慮いただきたいこと。

また、参考資料である「Q&A（学校設置者・学校関係者の皆様へ）学校行事に関すること」問7では、各学校行事における工夫の例として、次のような例示をしています。

ポイント

●儀式的行事（新任式・離任式など）

・離任者や上級生などのメッセージについて、校内放送（音声や映像など）を活用したり、学校だよりに掲載したりする　など

●文化的行事（文化祭、クラブ発表会など）

・小グループやパートごとの練習を基本とし、全員で集まって練習する機会はリハーサルのみとする

・学年ごとの発表を映像や音声にとり、校内放送で流す　など

用語解説

〔学校行事〕
教育課程上、特別活動に位置付けられた全校、または学年の子供を対象にした五種類の行事。

●健康安全・体育的行事（健康診断、避難訓練など）

・健康診断について、例えば、保健室への入退室等について小グループごとにするなど、待ち時間が多くならないよう十分配慮する

・防犯指導、交通安全指導及び避難訓練や防災訓練などについては、各教室で事前指導を十分に行い、時間をかけずに実施できるようにする　など

●遠足（旅行）・集団宿泊行事

・バス等による移動に際して、車内の換気に十分留意し、マスクを着用し、会話を控えめにする　など

●勤労生産・奉仕的行事（職場体験活動、就業体験活動及び校内美化活動や地域清掃など）

・大掃除について、日頃の清掃指導を徹底し、回数等を精選する

・校外活動について、一斉ではなく、グループに分かれて時期や場所をずらして実施する　など

新型コロナウイルス感染症への対応は、学校教育の根本的な基盤を見直す機会となっています。まさに、子供たちを中核に据えた、「新たな教育活動の創造」への挑戦となる歴史的な時代に教育に携わる教職員のみなさまに、幾重にも心からエールを送ります。

用語解説

〔職場体験活動〕

生徒が事業所などの職場で働くことを通じて、職業や仕事の実際について体験したり、働く人々と接したりする学習活動。

1
コラム

「先生、画びょうを一箱貸してください」（掲示係の活動）

「先生、画びょうを一箱貸してください」

私が、かつて６年生の学級担任をしていたとき、A子が満面の笑みで話し掛けてきました。A子は、掲示係に所属していました。実は、この掲示係は創意工夫する余地が少ないことから、私は係活動としては適切でないと思っていました。しかし、何としても掲示係を担当したいという子供たちの願いからこの係が設定されてしまったというのが正直なところでした。

給食や掃除、日直等は「学級生活の円滑な運営を目指す活動」として全員で交代して公平に行う当番活動であり、授業の手伝い等を行う「体育係・音楽係」等は、係活動としてそぐわないことになります。したがって、私としては、掲示係は当番活動として設定したかったわけです。

しかし、冒頭の子供の発言もあったことから、とにかく子供たちに活動を委ねてみることにしました。それから、どのくらいの期間を経たのか記憶は定かではありませんが、次に掲示係の子供たちが私の前に提示した画びょうを見たとき、私は愕然としたことを今でも鮮明に覚えています。

その画びょうは、一つ一つが全てフェルトで包まれたものだったのです。形は、動物、植物、数字、食べ物等であり、その一つ一つが全て異なるデザインでした。掲示係の子供たちは、この画びょうの作品を私に見せて、次のように話しました。

「私たちのクラスは、みんながとても仲がよくてとても楽しいクラスです。でも、掲示してある画びょうは鉄でとても冷たい感じがしました。だから、みんなが今よりもっと楽しくて、もっと仲のよい温かいクラスにしたいと思って作りました」

この言葉を聞いて、私は子供の創造力とそこに内在する無限の力を強く感じました。この作品を創造する発想は、大人ではとても思いつかないものであると思いました。

子供は、仲間と話し合い、仲間とともに自分たちの力でやろうと決めたことについては、大人の考えを凌駕するアイデアや活動意欲をもち、努力する力を内在しているのだと思います。掲示係の子供たちが卒業前に言ってくれました。

「この画びょうは、これから先生のクラスになった子供たちのために使ってください」

この画びょうを見る度に、子供に内在する力を信じ抜いていこうという気持ちになりました。古くなったこの画びょうの一部は、校長室の掲示板でも温かな雰囲気を醸し出してくれました。

▲掲示係の子供たちが作ったフェルトで包んだ画鋲

5　生活規律の定着

①特別教室、体育館等への移動は、学級全員で整列して行う。
②朝会等での体育館への入退場は整然と黙って行う。
③特別教室では、安全に気を付け、片付けまでしっかり行うよう確実に見届ける。
④清掃は、教師が同行し、責任をもって最後までやり遂げるように指導する。

6　学習指導の構想

（１）授業の展開

①１時間の授業のねらいを明確に提示し、子供にめあて（目標）を示す。
②子供が自分で考え、表現する時間を設け、集団思考で学び合う場を大切にする。
③終末には、１時間の授業のねらいの達成状況を振り返る場を設定する。
④学習内容の整理や家庭学習の振り返りに役立つようなノート指導を行う。

（２）発問・発表の仕方

発問の仕方

①一問一答の発問ではなく、子供が考えるような発問を工夫する。
②多様な答えを導き出すことができるような発問をする。
③子供の発言が単発とならないように、関連発言を引き出す発問を行う。
④子供の誤答の根拠を全体の話題とし、課題解決への機会となるように誤答を賞賛する。

子供の発表

①単語での発表でなく、主述を明確にした発表ができるようにする。
②他の子供の意見とつながりのある関連発言ができるようにする。
③自分の意見の根拠を話すことができるようにする。
④まっすぐ挙手し、声の大きさ、速さに気を付け、相手を見て発言する。
⑤「学校は間違える所」という認識のもと「間違えても大丈夫」という雰囲気の中で、自由に伸び伸びと発表できるようにする。

（３）板書の仕方

①各教科等の板書計画を立案し、子供がノートに書き写すことを明確にする。
②視覚的資料や図表・記号、キーワード等を効果的に取り入れる。
③「めあて」を板書し、学習によってどのように「まとめ」につながったか構造化する。
④キーワード等の重要事項は黄色を使い、赤や青は下線や枠組み等に使用する。

7　教室掲示等

①学級目標は、「～の子」という表現とし、行動目標となる個人目標を数値で設定する。
②個人目標は、月ごとに自己評価し、目標についても必要に応じて改善する。
③教室前面黒板上は、学校教育目標・学年目標・学級目標のみの掲示とする。
④教室に掲示した観察カード等の子供の作品には、教師のコメントを記入する。
⑤習字・絵画の作品掲示には、自己評価カードを添付し、教師のコメントを記入する。
⑥教室掲示の台紙となる色は、緑やベージュ系の落ち着いた色を使用する。
⑦学習コーナーとともに道徳・学級活動コーナーを設定し、側面等に学級の歩みを掲示する。

8　学習環境の整備

①授業が始まる前に、教室にゴミが落ちていないか全員で確認する。
②授業中は、黒板には該当教科の掲示物以外は、何も書いたり掲示したりしない。
③教室の黒板は常にきれいに拭き、黒板の下も清潔にしておく。
④教室の気温や湿度に配慮し、換気にも十分に留意する。
⑤教室を離れる際には、電気、エアコンを切る。

9　家庭学習の定着

①家庭学習の課題は、授業との関連を図ったものとなるようにする。
②家庭学習の定着を目指し、教師の出す宿題または自主的な家庭学習を行うようにする。
③「家庭学習の手引き」を参考にし、家庭での学習習慣の定着につながるようにする。

資料① 学習指導のスタンダード

平成30年度
東松山市立〇〇〇〇小学校

「〇〇小　教育指導のスタンダード」

本校の子供たちは、真面目で何事にも真剣に取り組み、仲間と協調して活動する姿がみられる。また、自分たちの力でよりよい学級、学校生活を創造していこうとする意欲も高まっている。

そこで、本校の子供たちのよさを伸ばすため、全ての学年で基本的な教育指導を根気強く繰り返し行うことにより、一人一人に内在する力を引き出し、確かな学力の定着を図りたい。このような趣旨から「〇〇小教育指導のスタンダード」を作成した。

〇〇小のキャラクター

1　基本的な教師の姿勢

①子供の呼名は敬称をつけて行い、正しい言葉遣いで話す。
②子供の前では、腕組みをせず、子供との会話は、子供の目線の高さで行う。
③机間指導は、ペン先に気を付け、子供の目線に合わせ、しゃがんで行う。
④座席決め、グループ編成は、子供に任せず、教師が教育的な配慮の下に決定する。
⑤「場面リーダー制」を採り入れ、どの子供も活躍できる場面を設定する。
⑥授業や朝の会、帰りの会等でよさを認め合うことのできる場面を設定する。
⑦教職員の上履きは、かかとのある靴で、緊急時に備える。
⑧子供を傷つけないよう爪や装身具等に配慮し、子供の範となる身だしなみとする。
⑨通勤、退勤時は、体育着等ではなく、常に家庭訪問ができる適切な服装とする。
⑩子供の前で自分のことを「先生」と言わないようにする。
⑪全職員が来校者に進んで声をかけ、案内できるように笑顔で対応する。

2　登校時、下校時

①朝は、可能な範囲で教室に赴いて、子供を迎えるようにする。
②下校時は、全員が靴に履き替え、子供が校門から離れるまで確認する。

3　朝の会、帰りの会

①朝の会、帰りの会は子供が進行し、時間内に終了できるようにする。
②健康観察は呼名と返事をアイコンタクトで行い、他は友達の健康状態を傾聴できるようにする。
③担任は、教室に子供が残っていないことを確認してから教室を離れる。
④子供が帰った後、教室のゴミ、机等の整理整頓を確認する。
⑤黒板をきれいにし、明日の授業に備える。

4　学習規律の定着

①教師、子供ともに、授業の開始時刻・終了時刻を守る。
②授業開始の号令　（日直）起立・（教師）これから〇（〇時間目）の授業を始めます・（日直）礼（全員）よろしくお願いします
③授業終了の号令　（日直）起立・（教師）これで〇（〇時間目）の授業を終わり（にし）ます（日直）礼・（全員）ありがとうございました
④集団行動の号令　「前へ」（予令）　※間を開ける　「ならえ」（動令）
⑤机と体の間（グー）足の裏（ピタ）姿勢（ピン）の正しい姿勢を保つ。
⑥ノートは体の正面に置き、ノートを押さえて文字を書く。
⑦本を読む時は、机に寝かせずに「本を立てて」読む。
⑧鉛筆の正しい持ち方と、筆箱の中身（鉛筆５～６本、赤鉛筆１本、消しゴム１個、華美でなく透明な１５㎝ぐらいの定規、高学年は必要に応じてマーカーペン１本）の指導を根気強く行う。
⑨机の上の学習用具の置き方（筆箱は机の上の方に横向きに置く）

第1章【引用・参考文献】

●『学級経営の教科書』　白松　賢(2017)東洋館出版社

●『日本特別活動学会 紀要第28号』特集論文　「『小中一貫の学級活動』の意義と課題　ー中学校区(小中合同)による授業交流の広がりをー」
宮川八岐(2020)

●『小学校生徒指導資料6「生徒指導をめぐる学級経営上の諸問題」』
文部省(1995)大蔵省印刷局

●『生徒指導提要』　文部科学省(2010)

●『生徒指導と学級活動・体験学習』　坂本昇一(1990)文教書院

●『生徒指導の機能と方法』　坂本昇一(1990)文教書院

●埼玉教育・コラム「今こそ、求められる特別活動の充実～掲示係は係活動？それとも当番活動？」第67巻第2号(第761号)
稲垣孝章(2013)埼玉県立総合教育センター

第2章

新年度当初の一般教養

学級目標の設定

学級目標は教師が決めるのですか? 子供が決めるのですか?

これは、教員の初任者研修での質問ではなく、五年次教員研修会で受けたものです。また、ある研修会では、十年以上経験のある教師から聞かれたこともあります。さらには、管理職から質問を受けたことも……。次のような学級目標を設定した先生がいました。

A先生「今年は、私の教育信条である『本気・元気・やる気』の三つの『気』にしよう」
B先生「個性を生かし、つながり合うイメージで『納豆とチャーハンクラス』にしよう」
C先生「学級目標は、子供たちが決めるものだから学級会の話合いで決めます」

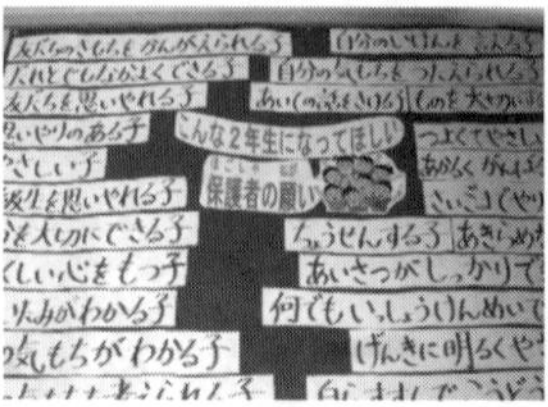

▲こんな２年生になってほしい
（保護者の願い）

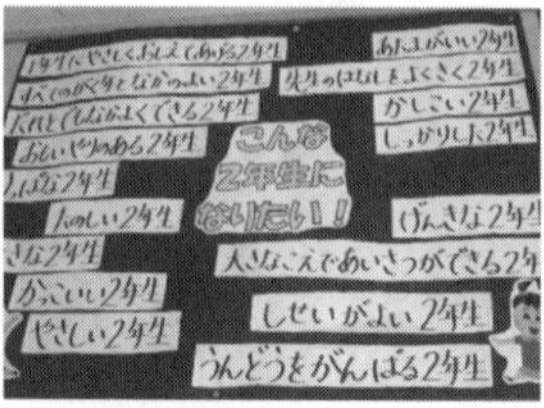

▲こんな２年生になりたい
（子供の思い）

ここに取り上げたA、B、C先生のような実践が全国で散見されているのが現状です。

A先生のように自分の教育信条などを教師の独断で学級目標として設定すると、子供たちが**自我関与**をする場がないことから、自分事として捉える目標とはなり得ません。

B先生のように、個性を尊重し協力することをイメージ化する学級目標も、自我関与の場がないことと、そもそもクラスという文末は、学級目標として望ましいとは言えません。

C先生のように、子供たちの話合いに委ねることは一見よいように見えますが、**学校教育目標**を踏まえ、学級としての目標を決めることは、子供の自治的な活動範囲を超えるものと考えられます。

学級目標の設定は、学校教育目標を踏まえた「教師の指導方針」に基づいて、「子供の思い」と「保護者の願い」を可視化し、三者の考えを踏まえて教師が子供に提示することが基本となります。その際、学級目標は、集団を優先するのではなく、個の集合体を集団として捉える視点から「目指す子供像」として考えます。そのため「～のクラス」という文末表現ではなく、「～の子」という文末表現にすることが求められます。

用語解説

〔自我関与〕

心理学用語で、ある事柄を自分のもの、あるいは自分に関係のあるものとして考えること。

用語解説

〔学校教育目標〕

各学校が教育活動を通じて、在籍する子供にどのような力を習得させるかについて学校独自に表現したもので、一般的に「知育・徳育・体育」で構成されている。

ポイント

●学級目標設定の手順

①校長の定める学校経営方針や学校教育目標を踏まえ、学級担任は学級経営の指導方針を明確に設定します。

②年度当初に、保護者に「こんな○年生になってほしい」という調査を依頼します。

③年度当初に、子供たちに「こんな○年生になりたい」という調査を実施します。

④教師の指導方針、子供と保護者の思いや願いを盛り込んで教師が学級目標を設定します。

⑤教師が設定した学級目標（知育・徳育・体育）を設定の経緯を含めて子供たちに提示します。

⑥**学級活動**(3)題材「○年生になって」で学級目標を踏まえて、個人目標を設定します。

なお、個人目標の設定については、「3　個人目標の設定」の項目で取り上げます。

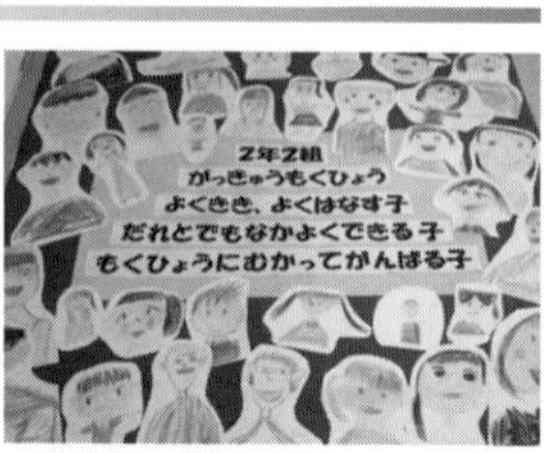

▲決定した学級目標
（三者の思い：2年生）

用語解説

〔学級活動(3)〕

現行の学習指導要領の改訂において、小学校の特別活動に新設された学級活動の活動内容(3)「一人一人のキャリア形成と自己実現」のこと。

2 年度当初の「出会い」

担任の先生は、誰になったの？

始業式を終えて家に帰ってきた子供に、保護者が語り掛ける言葉の中で最も関心の高い質問と言われています。そのとき、子供がうれしそうな顔で答えるのか、不満そうな顔で答えるのかによって、これから始まる一年間の学校生活への意欲が変わってくるものです。入学式、始業式当日の「出会い」の意義を踏まえ、具体的な演出を工夫することが求められます。

「出会い」の印象は、「三・三・三」でつくられると言われます。

「最初の三秒」で「いい感じ・嫌な感じ」などのイメージがつくられ、「次の三十秒」で「明るい性格・やる気がある」などの大体の印象が刻まれます。「三分後」には、ほとんどの観察・評価が終わり、一度下した評価は変わりにくいとされています。

アメリカの心理学者ロバート・ザイアンスによると、人は相手に対して「好意をもつ」には、次のような過程があるとしています（**単純接触効果**）。

> 人は、知らない人に対しては「攻撃的・批判的・冷淡になる」傾向があり、その人を知れば知るほど「好きになる」傾向があるとされ、その人の人間的側面を知ったときに「好意をもつ」傾向にあるとされています。

教師と子供との「出会い」、そして子供同士のよりよい人間関係を構築していくための「出会い」は、年度当初の重要課題であり、これこそが一年間の学級経営の基盤となります。

ポイント

○教師と子供との「出会い」の工夫（例）

黒板に次のような文章を書きます。そして、「この中に私の名前が入っています。文字に○をつけていくので、みなさんは、よく見て私の名前を覚えてください」と言って自己紹介をする方法があります。教師自身が**自己開示**をし、得意なことを披露することも効果的です。

用語解説

〈単純接触効果〉

特定の人やものに接する回数が増えるほど、その対象に好印象をもつようになる現象のこと。

用語解説

〈自己開示〉

自分自身の情報を、ありのままに言語を介して他人に伝えること。

「私は、いつでも、みんながなかよくがんばって、きょうしつが笑顔であふれ、たのしいかいわのできるふんいきを、みんなでつくっていきたいと思います」

○子供同士での「出会い」の工夫（例）

年度当初に出会った子供同士が仲よくなるためには「**類似性**」を活用することが効果的な手法となります。例えば、声を出さずにジェスチャーで情報交換をして、次のようなグループを編成します。最初は、「誕生月」（一・二月、三・四月、五・六月……の六グループ）、次に「誕生日」（一日から五日、六日から十日、十一日から十五日……の六グループ）を編成し、そのグループ内の仲間との「共通事項」を見付けます。例えば、グループの全員が「教科は体育が好き」「給食はカレーが好き」「同じアニメを観ている」「○○ストアに行ったことがある」など、どのようなことでもよいものとします。このような「グループ内での共通点」を制限時間二分で行っただけでも、相手との距離が近くなったと感じるものです。また、十人と握手をして自己紹介をするといった動きのある活動的な交流も効果的です。

用語解説

〔類似性〕
容姿や態度、能力や性格などの特性が他者と似ている度合いのこと。

個人目標の設定

これは七月のある日、校内研修で訪れた学校の校長先生が、教室内に掲示してある子供たちの「個人目標」について話してくれた言葉です。私は、この個人目標の設定には、二つの指導の視点が欠けていると感じました。一つは、設定された目標が「算数を頑張る」といった抽象的なもので**行動目標**となっていないことです。二つ目は、七月という時期なのに四月当初に設定された目標がそのまま掲示され、評価されず、更新されていないということです。

まず、一つ目の、個人目標の設定でのポイントとしては、次のようなことが考えられます。

○【具体化】「国語を頑張る」といった目標であれば、行動目標となるよう具体性をもたせるために、「新出漢字の練習を一日に五文字、五回ずつ練習する」

用語解説

〔行動目標〕

達成すべき目標のためにとる行動を具現化したもの。

というように、実行できたかどうかが明確に分かるような目標設定となるように指導します。

○【再考】一度決定した個人目標を発表し合い、友達の目標を聞くことによって自分の目標を再考し、強い意志をもって自己決定できるように指導します。

○【個人内評価】「よくできた・できた・もう少し」という評価基準に「前の自分より頑張った」という評価基準を付加することによって個人内評価を重視します。

二つ目の、目標の更新のポイントとしては、次のようなことが考えられます。

例えば、五月に実施される運動会に向けて、六年生の子供が「応援団として、一年生も楽しく応援できる振り付けをつくる」という目標を設定した場合、運動会が終了した時点で新たな目標を設定する必要があります。基本的には、一か月程度で個人目標は自己評価できるようにし、目標を修正し、改善することが大切です。

なお、目標設定の際には、学級担任は次のような視点をもって指導に当たることが求められます。

用語解説

〈個人内評価〉
個々の子供がどれだけ伸びたかを評価しようとする評価で、よい点や可能性などを積極的に評価しようとするもの。

ポイント

●個人目標設定時の六つの視点

①**現実的な目標の設定**：実践できそうだと感じる現実的な目標を設定します。

②**具体的な行動目標の設定**：数値を入れた具体的な目標を設定します。

③**段階的な目標の設定**：長期的な目標を立て、段階的な目標を設定します。

④**楽しみを取り入れた目標の設定**：目標の設定に向けて、活動にその子なりの楽しみを取り入れます。

⑤**達成感を味わう目標の設定**：成功する心地よさ、達成感を味わえるようにします。

⑥**成功体験を蓄積する目標設定**：成功体験をイメージとして蓄積できるようにします。

用語解説

〔達成感〕
何かを成し遂げたことで得られる満足感、充実感や喜び。

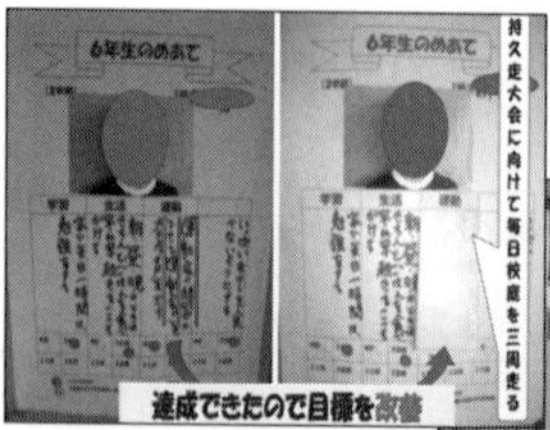

▲達成できた目標は新たに再設定

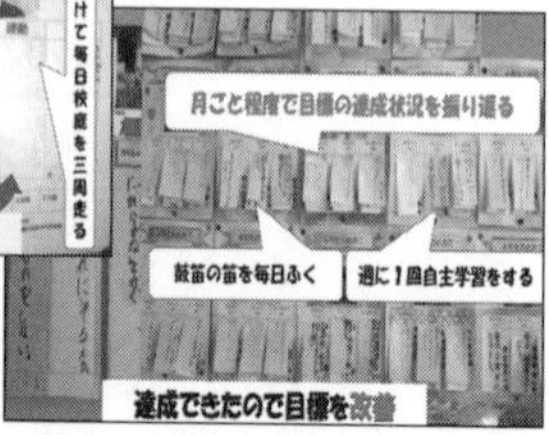

▲毎月、目標を根気強く自己評価して修正・改善

道徳科で求められる視点

道徳が教科化されて道徳科になって、何が変わるのでしょうね。

ある保護者が学級担任に話したそうです。このとき、学級担任として保護者にどのように説明するとよいのでしょうか。まずは、教師として道徳が教科化された経緯や意図についてその概要を理解しておくことが求められます。全国的ないじめ問題への対応として、**教育再生実行会議**で「心と体の調和の取れた人間の育成に社会全体で取り組むために、道徳を新たな枠組みによって教科化し、人間性に深く迫る教育を行う」ことが明示され、道徳教育の充実に関する懇談会では、これまでの道徳教育の課題をおおむね次のように報告しました（平成二十五年十二月二十六日）。

○道徳の時間を「特別の教科　道徳」として位置付ける。
○目標を明確で理解しやすいものに改善する。
○道徳の内容をより発達の段階を踏まえた体系的なものに改善する。

用語解説
〔教育再生実行会議〕
二十一世紀の日本にふさわしい教育体制を構築し、教育の再生を図っていくため、教育の基本にさかのぼった改革を推進するため、平成十八年十月十日（当時は教育再生会議）から令和三年九月十七日まで内閣に設置され廃止された組織。

○多様で効果的な道徳教育の指導方法へと改善する。
○「特別の教科　道徳」に**検定教科書**を導入する。
○一人一人のよさを伸ばし、成長を促すための評価を充実する。

平成27年3月に学校教育法施行規則の一部を改正し「特別の教科　道徳」誕生

道徳が教科化されて大きく変わったことは、「検定教科書」が導入されたということです。このことにより、これまでの副読本から教科用図書の使用が義務付けられることになりました。また、これまで学校の教育活動全体を通じて行っていた道徳教育における評価だけでなく、道徳科の授業の評価が新たに求められることになりました。

ただし、学校の教育活動全体を通じて道徳教育を行うことを基盤とし、道徳教育の要として年間三十五単位時間以上の道徳科の授業を行うことには変わりはありません。また、道徳教育・道徳科ともに、子供のよりよく生きるための基盤となる道徳性を養うことも変わりません。

ポイント

●道徳の教科化で求められる五つの視点

○学校の教育活動全体の中での「道徳科」として

用語解説

〔検定教科書〕

民間で著作・編集された図書について、文部科学大臣が教科書として適切か否かを審査し、これに合格し教科書として使用することを認めたもの。

①「豊かな心」を育むことを中心として、「確かな学力」「健やかな体」とともに、知育・徳育・体育のバランスのとれた「生きる力」を育みます。

②これからの時代に必要な「『知識及び技能』の習得」「『思考力・判断力・表現力等』の育成」「『学びに向かう力、人間性等』の**涵養**を柱とした資質・能力を育成します。

③いじめ問題等の様々な教育課題に対応する指導を充実するとともに、社会の持続可能な発展など、子供たちにその解決に寄与する意欲や態度を育てます。

○新たな「道徳科」の授業改善として

④子供の学習状況や成長の様子を継続的に見取る適切な評価を行うとともに、年間三十五単位時間以上の授業を確実に実施する「量的確保」を行います。

⑤子供一人一人が、一つの答えとならない道徳的な課題を自分自身の課題として捉え向き合う「考え、議論する道徳」の授業を展開するように「質的転換」を行います。

用語解説

〔涵養〕

自然に水が染み込むように、無理のないように徐々に教え、養い育てること。

第2章 5

道徳教育と道徳科

道徳教育と道徳科の関係性や道徳性の内容について、初任者にどう指導したらよいかな。

体育主任である先輩の教師が、後輩の道徳主任にさり気なく聞いていた言葉です。このような会話ができる学校には高め合う教師の雰囲気があります。

道徳教育は、特別の教科である道徳を要として学校の教育活動全体を通じて行うものです。そのため、このような認識を変革していくためには、学校における道徳教育の基本的な方針を明記し、学校の教育活動全体を通じて道徳教育の目標を達成するための方策を総合的に示した「道徳教育の全体計画」の作成が不可欠となります。また、その実現を図るために具体的な指導の内容と時期を示した全体計画の「**別葉**」の作成と効果的な活用が求められています。

道徳科には、学校における道徳教育を扇の要のように要所を押さえて中心で留めるような役割があります。従来の目標に示されていた道徳科における道徳教育の「補充、深化、統合」の説明については、『小学校学習指導要領解説　特別の教科　道徳編』

用語解説

〔別葉〕
道徳教育の全体計画に記入しきれない内容について、全体計画とは別に作成して示す指導計画。

（以下、解説と略記）第4章第3節の2の(2)に示されているので、その概要を取り上げます。


「補充」：学校の諸活動で考える機会を得られにくい**道徳的価値**などを、道徳科で補います。

「深化」：道徳的価値の意義や自己との関わりについて、道徳科で一層考えを深めます。

「統合」：道徳的価値の相互関連を図る等、深く理解したり発展させたり道徳科で統合します。


ここで、小学校学習指導要領第1章総則の第1の2の(2)に示す道徳教育の目標に基づいて示されている道徳科の目標を改めて確認し、道徳性の諸様相について確認します。

> よりよく生きるための基盤となる道徳性を養うため、道徳的諸価値についての理解を基に、自己を見つめ、物事を（広い視野から）**多面的・多角的**に考え、自己の（人間としての）生き方についての考えを深める学習活動を通して、道

用語解説

【道徳的価値】

よりよく生きるために必要とされるものであり、人間としての在り方・生き方の礎となるもの。

用語解説

【多面的・多角的】

「多面的」とは異なった側面を捉えることで、「多角的」とは異なった角度から一つの事象を捉えることであるが、ここでは両方を一体として捉えることが妥当。

徳的な判断力、心情、実践意欲と態度を育てる。　（　）内は、中学校

この目標にある「道徳的判断力、道徳的心情、道徳的実践意欲と道徳的態度」を道徳性と捉え、これらは道徳性を構成する諸様相とされています。これらの諸様相には、順位性や段階性があるということではありません。「道徳性」の説明に当たっては、諸様相について解説p20では次のように説明しています。

ポイント

「道徳的判断力」　それぞれの場面において善悪を判断する能力
「道徳的心情」　道徳的価値の大切さを感じ取り、善を行うことを喜び、悪を憎む感情
「道徳的実践意欲」　道徳的判断力や道徳的心情を基盤とし道徳的価値を実現しようとする意志の働き
「道徳的態度」　道徳的判断力や道徳的心情、道徳的実践意欲に裏付けられた具体的な道徳的行為への身構え

生活科と総合的な学習の時間

生活科と総合的な学習の時間は、どのような関係にあるのでしょうか。

ある学生が両者の関連性について疑問をもっていました。実は、この疑問については、学校内において経験を積んできた教師でも、明快に答えにくいと話しているのが現状です。

教育課程上は、低学年で教科として位置付けられる「生活科」と、三年生から始まる教科外活動としての「総合的な学習の時間」には明らかに違いがあります。しかし、両者の異同や関連については確かに分かりにくい面があります。まずは、両者の創設の背景を踏まえておく必要があります。

生活科は、平成元年改訂の学習指導要領で、体験の喪失から子供の認識、学びの過程に歪みが生じたことで、確かな知性、身に付く理解の実現を図るために、体験回復が求められて誕生しました。一方、総合的な学習の時間は、次の平成十年改訂の学習指導要領で、激しく変化する現代社会の課題に、直接的に子供が向き合い、

用語解説

〔教育課程〕

学校教育の目的や目標を達成するために、教育内容を児童生徒の心身の発達に応じ、授業時数との関連において総合的に組織した教育計画。

主体的に生き抜く力を育むことの必要性から誕生したものです。

生活科と総合的な学習の時間とは、子供の身の回りの生活や環境を学習材として扱っていくという意味においては同じです。また、体験的学習や問題解決的学習を方法原理としていることについても共通しています。しかし、生活科は教科として他の教科との一貫した関連を有しているのに対して、総合的な学習の時間は、各教科等の学習では欠落しがちな現代社会の諸課題を扱うという点で、教科等とは一線を画しています。

教育課程上は、生活科の上に総合的な学習の時間を立ち上げるという構造をとっていることになります。例えば、自然や人間同士の「**共生**」という視点は、両者の学習に関わる重要な活動となります。特に、中学年における総合的な学習の時間は、課題への「気付き」を促し、生活の中に課題を見いだしていく橋渡しとしての意義があります。

用語解説

〔共生〕
異種、複数種の生物が緊密な結び付きを保ち、相互関係をもちながら一緒に生活する現象。

ポイント

●「生活科」と「総合的な学習の時間」の四つの異同の視点

	生活科	総合的な学習の時間
相違点	「体験」という**認識過程**の回復	変化する現代社会の諸課題の直接的な課題
相違点	【内容】 ・学校の生活 ・家庭の生活 ・地域の生活 ・公共物の利用 ・季節と生活 ・自然活用遊び ・動植物の飼育 ・自分の成長	【例示課題】 ・国際理解 ・情報 ・環境 ・福祉・健康 ・地域や学校の課題 ・興味・関心に基づく課題
類似点	【学習対象】 実際の学校・家庭・地域社会という社会生活や環境と関わり合い、現実世界・現実の生活を学習の対象とします。	
類似点	【方法原理】 体験的学習・問題解決的学習を方法原理とします。	

用語解説

〔認識過程〕

ある物事を知り、その本質・意義などを理解する道筋、その過程。

育成すべき資質・能力

今回の改訂は、資質・能力について重視されたと聞きましたが、総合的な学習の時間の場合は……。

大学の「総合的な学習の時間の指導法」のレポートで、ある学生が総合的な学習の時間における**資質・能力**について、他教科等との違いはどうなのかを考えていました。学習指導要領第5章第2の3の⑹には、探究課題の解決を通して育成を目指す具体的な資質・能力について、次の事項に配慮するように示されています。

ア　知識及び技能については、他教科等及び総合的な学習の時間で習得する知識及び技能が相互に関連付けられ、社会の中で生きて働くものとして形成されるようにすること。

イ　思考力、判断力、表現力等については、課題の設定、情報の収集、整理・分析、まとめ・表現などの探究的な学習の過程において発揮され、未知の状況において活用できるものとして身に付けられるようにすること。

用語解説

〔資質・能力〕
知識を生かし、新しい価値を創造しながら未知の問題を解決していく、子供たちに身に付けたい力。(「知識及び技能」「思考力、判断力、表現力等」「学びに向かう力、人間性等」)

ウ　学びに向かう力、人間性等については、自分自身に関すること及び他者や社会との関わりに関することの両方の視点を踏まえること。

次は、各資質・能力の具体的な活動内容や子供の姿をイメージしたものです。

ポイント

●知識及び技能

各教科等の枠を超えて、知識や技能が統合されていくことで、概念的な知識は教科や分野を超えてより一般化された概念的なものを学ぶことができます。例えば、次のようなものです。

> 多様性：それぞれには特徴があり、多種多様に存在していること
> 相互性：互いに関わりながらよさを生かしていること
> 有限性：物事には終わりがあり限りがあること　など

●思考力、判断力、表現力等

思考力、判断力、表現力等は、「**探究的な見方・考え方**」を働かせながら、次のような学習過程を通して育成を目指していくことになります。

用語解説

〈探究的な見方・考え方〉

各教科等における見方・考え方を総合的に活用して、広範な事象を多様な角度から俯瞰して捉え、実社会や実生活の文脈や自己の生き方と関連付けて問い続けること。

①課題の設定（より複雑な問題状況・確かな見通し、仮説）
②情報の収集（より効率的・効果的な手段・多様な方法からの選択）
③整理・分析（より深い分析・確かな根拠付け）
④まとめ・表現（より論理的で効果的な表現・内省の深まり）

●学びに向かう力、人間性等

学びに向かう力、人間性等は、「自分自身に関すること」と「他者や社会との関わりに関すること」の視点を踏まえて次のような心情や態度の育成が求められます。

	自己理解・他者理解	主体性・協働性	将来展望・社会参画
自分自身	自分の生活を見直し、自分の特長やよさを理解しようとする。	自分の意思で目標をもって課題解決に向けた探究に取り組もうとする。	探究的な活動を通して、自己の生き方を考え、夢や希望などをもとうとする。
他者や社会	異なる意見や他者の考えを受け入れて、尊重しようとする。	自他のよさを生かし協力して問題解決に向けた探究に取り組もうとする。	探究的な活動を通して、進んで実社会・実生活の問題解決に取り組もうとする。

用語解説

〔社会参画〕

よりよい社会の形成に対して、主体的に関わる力。単に社会の活動に参加したり、協力したりするだけでなく、企画・計画の段階から関わることを意味する。

コラム ②

「先生、旗は表だけですか」(学級の旗づくりの活動)

「先生、旗は表だけじゃないとダメなんですか」

私が、5年生の学級担任をしていたころ、学級の旗を作る活動を行うために話合いを行ったとき、ある子供が質問してきた言葉です。本来であれば、このような集団を象徴するような形づくりの活動を学級会で話し合うことは望ましいとは言えないと思いますが、当時、私はこの学級には必要だと考えて実践したものです。

この話合いでは、次のような2つの考えが対立していました。

①学級の旗なので、学級を象徴する「一つのデザイン」にしたい。

②学級の旗なので、一人一人の思いを取り入れ「全員が入ったデザイン」にしたい。

この2つの意見には、それぞれ意義があり、どちらがよいかを決めることは、とても難しい状況で、話合いが行き詰まってしまいました。私もどうしてよいかと迷っていたというのが正直なところでした。そのとき、冒頭の質問があったのです。

要するに、この子供の発想は、両者の考えはどちらもよいので、何とか両方を生かしたいという考えでした。まだ、現在のように「合意形成」という文言が示されていない時代ですが、まさに子供には仲間の考えのよさを生かそうとする発想があったのだと思います。

実は、この時点で旗づくりの布は予備用を含めて2枚用意してあったことから、両者の考えを生かす視点で、表と裏のある旗にするということに決まりました。

しかし、表裏のある旗は壁に貼ると片側は見えないことになります。そこで、どのように活用することがよいかということで、また課題が生じました。そこで出された意見に、私はまたしても驚愕することになります。

「学級会でクラスの歌を歌っているときに『一人一人のデザインが入った面』を掲げ、話合いで何かが決定したときに『1つのデザインの面』に変えたらどうですか」

旗の掲示の方法を考えていたら、その活用方法にまで考えが広がったことになります。

その後、この学級の旗は、学級会だけでなく朝の会で歌を歌うときに、日直が旗を揚げるということになりました。次の写真が、そのとき、子供たちが作成した「学級の両面の旗」です。

▲一人一人のデザインを盛り込んだ絵

▲みんなのこころが一つになった象徴の絵

第２章【引用・参考文献】

- 『楽しく豊かな学級・学校生活をつくる特別活動　小学校編』
  文部科学省・国立教育政策研究所教育課程研究センター(2014)文溪堂
- 『小学校学習指導要領(平成29年告示)解説　特別の教科　道徳編』
  文部科学省(2018)廣済堂
- 『小学校学習指導要領(平成29年告示)解説　総合的な学習の時間編』
  文部科学省(2018)東洋館出版社
- 『こだわりの道徳授業レシピ』　浅見哲也 (2020)東洋館出版社
- 『道徳的諸価値の探究　―「考え、議論する」道徳のために―』
  澤田浩一(2020)学事出版
- 『総合的な学習の時間実践パーフェクトブック(別冊教育技術)』
  稲垣孝章(2003)小学館
- 『教育の流れを変える総合的学習　どう考え、どう取り組むか』
  児島邦宏(1998)ぎょうせい
- 『平成29年度改訂　小学校教育課程実践講座　総合的な学習の時間』
  田村　学(2017)ぎょうせい
- 『道徳と特別活動 2018年4月号』「道徳科の授業のストライクゾーン 第1回
  これまでの課題と質的転換」　浅見哲也(2018)文溪堂
- 『道徳と特別活動 2018年5月号』「道徳科の授業のストライクゾーン 第2回
  道徳科の目標の理解」　浅見哲也(2018)文溪堂
- 『道徳と特別活動 2018年9月号』「道徳科の授業のストライクゾーン 第6回
  道徳教育の要となる道徳科の授業」　浅見哲也(2018)文溪堂

第3章

学級・学校生活前半の一般教養

6〜7月

第3章 1

目的と目標・競争と協働

「目的」と「目標」の違いが、指導の手立てを変えてしまうことがあるのですね。

ある講演会で「**目的と目標**」の考え方について話したとき、講演後に参加者の先生が感想として話された言葉です。

例えば、長縄跳びで百回跳ぶことは、学級全体で協力して挑戦し、「目標」の達成を目指すものとなります。このときの「目的」は、運動の得手不得手関係なく、学級目標の「なかよくする子」の実現に向けて全員で協力することにあります。しかし、教師が両者の認識を明確にできていない場合、指導の手立てが大きく異なってくることが考えられます。

百回跳ぶことを「目的」にすると、運動が得意でない子供は、ほかの子供に迷惑を掛ける存在となってしまいます。同様に、合唱祭で優勝することを「目的」にすると、歌の苦手な子供には、声を出さないように求めることも考えられます。残念なことに、そのような経験をしたという学生がいました。

用語解説

〈目的と目標〉
「目的」は、最終的に成し遂げようと目指す到達点。「目標」は、目的を達成するために設けた具体的な手段。

「何のために」この教育活動を行うのかという「目的」を教師が明確にして指導することが学級経営の中核となり、その基盤となるのが学校教育目標であり、それを踏まえて作成した学級目標になります。次のような逸話を活用して指導することも効果的です。

●レンガ運びの職人の話

「あなたは、何の仕事をしているのですか」と三人の職人に質問しました。

A「つまらないレンガ運びだよ」

B「レンガを運んで、この城の壁を作っているのだよ」

C「レンガを運んで、この国で一番立派な城を建てているのだよ」

同じ行動でも、「何のため」という明確な**目的意識**によって行動に向けた意欲が変わってくるものです。

また、学級経営では、「競争」と「協働」をバランスよく取り入れることが求められます。

特に、競争の手法を主体にすると、子供の活動意欲を喚起しやすく、班競争など

用語解説

〔目的意識〕

行動の目的をしっかりと理解し、その目的を意識し、実現に向けて意欲をもつこと。

に見られるように、一見、子供たちの活動は活発になるように思われます。しかし、競争で生じる敗者の心情は大きな課題となるところです。学級経営としての集団活動は、あくまでも個人のよりよい成長を図るための手段・手法であることから、競争の中にも協働的な活動を展開していくことが求められます。次に、競争と協働の意義と課題について取り上げます。

ポイント

●「競争」の意義と課題

意義：向上心の刺激、勝利による自信、能動的な心情を高揚させます。

課題：内発的意欲の低下、人間関係の序列化、消極的な態度を形成させます。

●「協働」の意義と課題

意義：内発的意欲の向上、対人関係の促進、**自己肯定感**を高揚させます。

課題：感情的な対人関係に左右され、切磋琢磨する意欲が低下します。

用語解説

〈自己肯定感〉

自分を肯定する感情であり、自尊感情と同じように捉えられる。

第3章 2

給食指導

これは初任者指導教員が、初任者の教師に指導していた言葉です。確かに、「給食の時間」は、学級担任が学級経営の一環として**マネジメント**する時間です。「給食の時間」は、楽しく食事をすること、健康によい食事のとり方、給食時の清潔、食事環境の整備などに関する指導により、望ましい食習慣の形成を図るとともに、食事を通してよりよい人間関係の形成を図ることをねらいとしています。

給食の時間の具体的な指導の手立てとしては、次のような内容があります。

○運搬や配膳担当者は、食事を扱うのにふさわしい服装で活動します。
○全員が手をきれいに洗い、洗った手を汚さないようにします。
○食前・食後の挨拶を全員で気持ちよく行うようにします。
○姿勢よく、よくかみ、適切な速さで食べるようにします。

用語解説

【マネジメント】
様々な資源・資産・リスクを管理し、経営上の効果を最適化しようとする手法のこと。

- ○ペアやグループなどで会食し、楽しい話題で和やかに食事をします。
- ○友達に不快感を与えないような言動、感じのよい態度で食事をします。
- ○運搬や配膳を安全に、手順よく行うようにします。
- ○当番の仕事に協力し、食器や食べ物を清潔に扱います。
- ○食後は歯磨き、うがいを励行できるようにします。
- ○個々の家庭環境、健康状態、食習慣に応じた指導を行います。
- ○偏食のある子供には、原因を把握して適切な指導を行います。
- ○**食物アレルギー**などについては、家庭と協力して適切に対処します。
- ○栄養に関する指導は、子供の興味・関心を高めるように行います。
- ○献立を活用して、栄養のバランスのとれた食事の意義を指導します。
- ○楽しい食事ができることを喜び、感謝の気持ちを抱くようにします。

「給食の時間」は、学級運営上不可欠な活動として、子供たちが協働して個々の役割を遂行する指導が大切です。そして、その指導においては、子供の内面に響くような指導を行い、子供が自主的に活動できるように働き掛けることが求められます。当番活動として、子供が自らの役割を自覚し、責任を果たすことは大切です。し

用語解説

【食物アレルギー】

多くの場合は、食べてからすぐに症状が起きる「即時型アレルギー」の意味で使われる。

かし、必要以上に責任を追及し、できなければ罰を与えるような指導ではなく、子供たちがいかに意欲をもって自主的に活動できるようにするかが問われることになります。

よりよい「給食の時間」にするための配慮事項としては、次のような視点があります。

ポイント

①「準備と片付け」の協力の仕方を明確にします。（当番以外の子供への指導）
②「会食中の時間」の扱い方を明確にします。（放送中の黙食、音楽を流しているときの会食などの指導）
③「会食のグループ」を定期的に交替します。（係活動のグループなどの活用）
④「おかわり」の扱い方を明確にします。（今日は一班からなど**公平性**への配慮）

用語解説

〔公平性〕
公に平らなことで、一定の集団において、偏らないということ。

第3章 3

清掃指導

子供たちがよく掃除をしますね。先生は、どういう指導をされているのですか。

これは、経験の浅い教師が学年主任に質問した言葉です。この学年主任は、学級内で「掃除の汗は金の汗」という合言葉で、子供たちが仲間と協力して自主的に活動できるような指導に心掛けていると言いました。そして、子供を競わせて活動意欲を喚起したり、罰則を設けて活動を追い込んだり、子供をランク付けするような手法は望ましくないと話しました。**「清掃の時間」**は、自己の役割を自覚して協働する意義を理解し、社会の一員としての役割を果たすために必要なことを主体的に考えて行動することをねらいとしています。

「清掃の時間」の具体的な指導事項としては、次のような内容があります。

○学校で定められた清掃を行うにふさわしい、活動しやすい服装で活動します。
○活動時間を確保するために、開始時刻と終了時刻を厳守します。

用語解説

〔清掃の時間〕

「掃除」は主にごみ捨て場や物の整理といった単純な作業を指し、「清掃」は作業だけでなく、薬剤などを使って微細な汚れまで落とすことを含む点で使い分けられる。

○清掃場所ごとに、活動内容に応じた適切な人数でグループを編成します。
○グループ内での清掃担当は、活動内容に応じて公平に役割を分担します。
○清掃場所ごとに、具体的な清掃の方法を写真などで分かりやすく提示しておきます。
○ほうきなど、現在、家庭生活で使用頻度の低い用具の扱い方を明確にします。
○互いの努力を認め合うことを中心とした活動後の評価を行います。
○公共物としての清掃用具を大切に扱い、後片付けまで丁寧に行うようにします。
○個々の努力を促すとともに、友達と協力して活動できるようにします。
○働くことの意義を理解し、他と共に力を合わせて活動できるようにします。
○自らの役割に対して意欲をもち、工夫しながら活動できるようにします。
○定期的に役割を交代しながら、全員が公平に活動できるようにします。
○学級、学校生活の向上に寄与する活動としての**勤労観**を養うようにします。
○活動を通して、公共の精神を養うことができるようにします。
○他と協働することを喜び、感謝の気持ちを抱くようにします。

用語解説

〔勤労観〕
勤労についての知識・理解及びそれが人生で果たす意義や役割についての個々の認識であり、勤労に対する見方・考え方、態度などを内容とする価値観である。

ポイント

●清掃指導に活用できる話題（例）

○「働くこと」の意義について

「働く」とは、自らが責任を果たすことによって「他（はた）を楽にする」という意味として捉えることができます。自らが真剣に清掃活動に取り組み、責任を果たすことが他を支え、他を楽にすることにつながるという話として指導します。

○「のりしろ」の意義について

物づくりで使われる「のりしろ」という言葉を用いて清掃の在り方を指導する方法もあります。廊下掃除をしていて、隣の学級との境について互いに重なり合う部分を「のりしろ」があると考えて、両者が「のりしろ」の部分を重ねて清掃をするという意味です。

用語解説

〈のりしろ〉

人や組織が柔軟に融通を利かせることのできる範囲のたとえ。

帰りの会

帰りの会で「今日のMVP」を発表する場を設けていますが、よくないのでしょうか。

これは、校内研修で訪問した学校の中堅の教師が質問してきた言葉です。

実は、この活動は教育雑誌に掲載されるなど、全国で多く取り入れられている実践です。子供たちが互いのよさを称賛する活動は、大切な視点であることは言うまでもありません。しかし、配慮しなければならないのは、称賛される子供が一部の子供に偏っていないかどうかという視点です。もし、一度も取り上げられない子供がいるのであれば、配慮が求められる実践となります。全員の子供が取り上げられるようにするために、「今日の日直のよかったところ」などとして取り上げる学級も多く見られるようになってきました。

「帰りの会」は、学級担任が学級経営としてマネジメントする時間です。下校時刻などとの関係から、限られた時間の中で効率よく運営できるようにすることが大切です。

用語解説

〔MVP〕

「Most Valuable Player」の略で、ある期間を通じて最も活躍が目覚ましく集団に寄与した人に与えられる賞。

「帰りの会」の活動としては、次のような内容が考えられます。

○一日の学校生活の成果を互いに確認し、認め合う活動を行います。
○一日の学校生活の課題を見いだし、翌日の生活に生かす活動を行います。
○係活動などの自主的な活動を促進するために**連絡調整**の活動を行います。
○翌日（翌週）の持ち物などの連絡事項を確認する活動を行います。
○一日のまとめと翌日への期待感を高める担任の講話を行います。
など

学校生活の充実と向上を図るためには、「帰りの会」で、一日の学校生活の課題となることを見いだし、その改善に努めることは大切な活動となります。しかし、残念なことにこの活動が「Aさんが、掃除のときにふざけていました」などと、個人攻撃となってしまう学級を見ることがあります。例えば「今日は協力して掃除ができないことがあったので、明日は担当をよく確認して頑張ります」などと、前向きに改善策を取り上げていくことが大切です。

「帰りの会」の活動内容を効果的に実践するためには、次のような具体的な指導の手立てを講じていくことが求められます。

用語解説

〔連絡調整〕
複数人の間で意志を互いに伝える行動のこと。

ポイント

①学校生活の成果を認め合うために

成果は、個人だけでなく、グループや学級集団としての視点も取り入れ、特定の子供だけを取り上げないようにします。

②課題を次の活動に生かすために

課題は、個人攻撃とならないことを前提とし、翌日に向けた改善策を中心に取り上げるようにします。

③自主的な活動を推進するために

短時間でも係活動などの連絡や調整をする時間を確保し、子供には簡潔に発表できるように根気強く指導します。

④連絡事項を確認するために

連絡事項はホワイトボードなどに事前に書いておいたり、高学年からは中学校に向けて**聴写**できるようにしたりします。

⑤翌日への期待感を高めるために

教師の連絡や講話は、視点を明確にし、見通しをもって計画的に行います。

用語解説

〔聴写〕

誰かが読み上げた文章を聴いて、白紙にその文章を書き写すこと。

5 教室環境

「教室掲示」を見れば、学級担任の子供理解、学級経営に関する考え方が分かります。

これは、古くから教師の間で言い伝えられている言葉です。

「教室掲示」は、学級経営の中核を成し、教室環境を大きく左右します。また、学級担任の学級経営に関する考え方や、子供理解に関する愛情さえ見て取れるものです。教室掲示をよりよく改善するためには、次のような視点で具体的な手立てを講じていくことが求められます。

(1)子供の作品に対する評価

ある学校では、習字の作品は絵画と同様に、コメントや評価をしないと決めているということでした。学校で統一するという体裁はよいように聞こえますが、教育指導である以上、評価カードを作成し、習字の作品の下に子供の**自己評価**と教師の評価を添付することが望まれます。このことは、絵画や生活科などの観察カードなどについても同様で、子供のよさを見取り、伸ばすための教師の評価を書き込んで

用語解説

【自己評価】

自分で自分の目標の達成状況を確認し、成果と課題を見いだすことが目的。なお、自分に対する評価そのものとして、自己肯定感をもつことに用いられることもある。

いくことが基本となります。

(2) 個々の子供の目標の更新・改善

子供の立てた個人目標は、自己評価によって定期的に更新していくことが大切です。六月になっても、四月当初に立てた目標がそのまま掲示されたままになっているのであれば、その目標は単なる飾り物となっていると言えます。子供の立てた個人目標は、一か月程度で振り返りを行い、教師の根気強い適切な指導によって目標を更新・改善できるようにすることが求められます。

(3) 教室の場に応じた掲示物

教室「前面」には、**ユニバーサルデザイン**の視点から、「教育目標」等の掲示物は最小限にし、黒板もその時間の学習以外の文字や掲示はしないことが原則です。

教室「側面」は、学習コーナーや便りなどの掲示物とともに、「学級の歩み」を作成することで、子供の自発的、自治的な活動が促進されます。

教室「背面」は、「学級生活のノート」という認識をもって、単なる連絡黒板とならないように、「学級活動コーナー」や「道徳コーナー」などとして活用することが求められます。

用語解説

【ユニバーサルデザイン】

あらかじめ、障害の有無、年齢、性別、人種等にかかわらず、多様な人々が利用しやすいよう都市や生活環境をデザインする考え方(「障害者基本計画」より)。

ポイント

●生活向上に向けた環境を支える「学級掲示九つの視点」

①教室の前面・側面・背面それぞれの掲示内容を構想します。
②子供の作品に教師のコメントや評価を取り入れるようにします。
③子供たちが相互に交流を図るような掲示内容を工夫します。
④緑色やベージュ等が多い教室環境に適した色使いに配慮します。
⑤掲示内容を常に更新して、学習意欲を喚起できるようにします。
⑥学級生活を向上するための意欲を喚起するように工夫します。
⑦学習や生活の振り返りができるような掲示の場を設定します。
⑧学校生活の見通しをもつことができるような掲示を工夫します。
⑨学びの過程で**困難さ**を感じる子供に配慮した掲示物にします。

用語解説

〔困難さ〕
物事をするのが非常に難しく、苦しみや悩みを抱き苦労する状態を指す。

学級通信の作成

学級通信は、学級担任と保護者の『心の架け橋』となるものです。

これは、拙著『学級通信早わかり』の巻頭の言葉です。

学級通信は、必ず発行しなければならないものではありません。しかし、学級通信を発行する学級担任は、なぜ仕事量を増やしてまでも学級通信を発行するのでしょう。

私は、初任者のころから、毎年学級通信を発行してきました。それは、保護者に学級での子供の様子を伝え、子供のよさを見直してもらいたいという願いと、保護者と共に子供たちを育てていきたいという思いからでした。

ある年は毎日発行し、年間二二九号を出し続けたこともありました。当時の校長は、事前の閲覧という形ではなく、私の発行した学級通信に毎日、朱書きでコメントを書いてくれました。その学級通信は、保護者や子供たちからの要望で、学年末の文集の最後に資料として綴じこむことになり、分厚いものとなりました。それは、今でも大切に保管しています。

用語解説

〔心の架け橋〕
自分と相手との心と心をつなぐ役割を果たすもの。

しかし、学級通信を毎日発行することは、ある意味、教師の自己満足と言われても仕方がないように感じていたことは否めません。教師には、教材研究を中心に、あまりにもたくさんの仕事があります。以降、学級通信の発行回数は、週一回、もしくは二週間に一回程度が適切であると考えるようになりました。

残念なことに、先輩教師の中には、学級通信を発行する時間がないとか、学年の同一歩調がとれないなどの理由で、若い先生方の学級通信を出そうという意欲をそいでしまうような言動があるようにも思います。ぜひ、保護者の心に響く学級通信を積極的に発行してほしいと思います。

次に、表記上の配慮したい視点と気を付けたい用語の扱いを取り上げました。

○平易で簡潔な文章にする（「**評価規準**」と「**評価基準**」は違うの？　先生の文章は、いつも難しくて……）

○断定的でない文章にする（先生は、「こうあるべき」という文章が多くて……）

○主述の明快な文章にする（この文章は、親？　それとも子供に対して言っているのかな……）

○誤字脱字のない文章にする（就学児健診は、「就学児」ではなくて「就学時」

用語解説

〈評価規準と評価基準〉

「評価規準」は、評価の観点に示された子供に付けたい力を子供の姿として文章表記した質的な基準。「評価基準」は、評価規準で示された力の習得状況の程度を明示するため主に数値で表す量的な基準。

では……）

また、「よさ」と「良さ」、「啓発」と「啓蒙」、「障害のある」と「障害をもつ」、「追求」と「追究」、「配付」と「配布」、「話合い活動」と「話し合い活動」、「**通信簿**」と「通知表」などの表現にも注意が必要です。

なお、学級通信を作成する際には、次のような視点に配慮することが求められます。

ポイント

●内容作成上の六つの視点

①『**具体性**』「**分かりやすく**」（算数では、こんな問題での間違いが多いのか……）
②『**適時性**』「**時をとらえて**」（今、クラスでは風邪が流行しているのか……）
③『**平等性**』「**どの子も平等に**」（全員の詩が学級通信に載っているのか……）
④『**通信性**』「**保護者との通信に**」（先生は、保護者の質問にすぐ答えてくれるな……）
⑤『**発信性**』「**情報の発信を**」（「心身の発達」は、今、こんな時期と捉えるのか……）
⑥『**信頼性**』「**よさを捉えて**」（先生は、いつも子供のよいところを見てくれて……）

用語解説

〔通信簿〕
子供の教科の成績や学校生活の記録などをまとめて学校ごとに作成し、保護者と共に子供をよりよく育てるために通信する準公簿。

聞くこと・話すこと

友達の話をしっかり聞きましょう。それが、自分のためになります。自分の考えを友達に伝えましょう。それが、みんなのためになります。

これは、道徳科の授業の前提として、よく使われる言葉です。まさに聞くこと、話すことは学習活動の基盤となります。まずは、ほかの人の発言をよく聞くことが大切です。よい授業を展開する教師の学級の子供たちに共通するのは、この「聞くこと」が定着していることです。

人の耳は、意識をもって聞こうとしなければ単なる音声として流れるだけで、話の内容は頭に入ってこないようにできています。自分が発表することだけに集中していると、ほかの人の多様な考えを受けて自分の考えを導き出すという学びが難しくなります。したがって、学級経営では、まず「話をよく聞く」ことを中核にすることが大切です。

聞き手の基本は、相手の質問を「聞き取る**技能**」です。相手の話を正確に聞き取り、その内容を自分の問題として受け止めることが大切です。また、相手の意見を「聞

用語解説

〔技能〕
教養や訓練を通して獲得した能力であり、それを使って学習などを行う行為。

き分ける技能」、説明や発表に「聞き入る技能」も欠かせません。

> 『聞き取る技能』①理由付けをしながら／②答えを類推しながら／③解決を図りながら
> 『聞き分ける技能』①肯定・賛成の立場／②否定・反対の立場／③補足・修正の立場
> 『聞き入る技能』①意図を理解して／②類推しながら／③批判しながら／④理解・納得しながら

話し手の基本は、自分本位ではなく、「**相手意識**」をもって話すことです。具体的には、次のような話し手としての技能や態度をもって話すように指導することが求められます。

> ○目的に沿った話をする技能と態度
> ○話の要点や中心内容を明確に話す技能
> ○適切な声の大きさと速さで話す技能
> ○聞き手の立場を尊重して話す技能
> ○伝えたい要件を欠かすことなく話す技能
> ○話の内容を組み立て、論理的に話す技能
> ○落ち着いた態度で相手を見て話す技能
> ○抑揚や強弱等、正しい発音で話す技能

用語解説

〈相手意識〉
文章や会話などの受け手がどのような人であるかを気にして対応すること。

○場に応じて適切な敬語で話す技能　○共通語と方言を適切に使い分ける技能

このような話し手の基本的な技能は、子供に伝えにくい面があるので、次のような話型として提示する実践が多く取り入れられています。

○主張「私の考えは、～です」　○同意「私もAさんの考えと同じで、～です」
○補足「Bさんに付け足すと～です」　○要約「まとめて言えば～になります」
○要求「～を詳しく説明してください」　○確認「それは～でよいのですか」
○疑問「私は、～の部分が分かりません」　○理由「そのわけは～だからです」

話し手としての話型の指導を行う際には、自分の考えを表現する話型とともに、相手の考えを受け止めて発言する「**関連発言**」を重視することが大切です。この「関連発言」は、まさに「主体的・対話的で深い学び」の授業改善を図るための基盤となるものです。「関連発言」は、子供相互のコミュニケーションを図る手立てともなり、ひいては望ましい人間関係を築くことにも直結するものとなります。

用語解説

〔関連発言〕
一つの発言に対して、質問や補足、賛否など関連した発言を行い、発言をつなぐこと。

第3章 8

学級会の議題

午後の研究協議では、「学級会の議題」を協議の柱の一つに取り上げていきましょう。

特別活動の研究大会の分科会で、指導者や分科会の司会等から出ることが多い話題の一つです。

学級会は「議題」が生命線です。何を話し合うかということは最も重要です。「議題」とは、学級や学校での生活をよりよくするための**課題**であり、学級や学校での生活を豊かにし、向上させるべき課題です。そして、子供たちが自ら発見した学級や学校での生活上の諸問題の中から、学級全員で解決すべき課題のことです。

次に**議題選定**等の基盤となる視点を三つ取り上げます。

(1) 望ましい議題の条件

○学級生活に直接結び付く問題であること

○学級の全員に共同の問題であること

用語解説

〔課題〕

「課題」は、問題を解決するために、理想と現実のギャップを埋めるための取組。

用語解説

〔議題選定〕

提案された議題の中から求められる条件に基づいて、学級会で話し合う議題を選ぶこと。学級活動(2)(3)は、教師が題材を「設定」する。

○子供の自治的活動の範囲内と認められる問題であること
○子供の発達の段階にふさわしい問題であって、何をどうすればよいかが十分に子供に理解できる問題であること

(2) 子供に任せることのできない問題（自治的活動の範囲外）

○個人情報やプライバシーの問題
○相手を傷付けるような結果が予想される問題　○健康・安全に関わる問題
○教育課程の変更に関わる問題　○金銭の徴収に関わる問題
○校内のきまりや施設・設備の利用の変更などに関わる問題

(3) 議題選定の視点

○早急な解決の必要性の高い問題か　○学級全員の協力が必要な問題か
○創意工夫できる問題か　○自分たちの力で解決できる問題か
○学級や学校の生活をよりよくする問題か
※子供に分かりやすく提示する際には、次のように表現することもあります。
○みんなでやりたいこと　○みんなにお願いしたいこと
○学級生活がもっとよくなること　○みんなで作ってみたいもの

具体的な**議題例**としては、次のようなものが考えられます。

ポイント

●予想される議題例

○生活上生起する諸問題の解決に関するもの
・学級のボールの使い方のルールを決めよう　・どうぞよろしくの会をしよう
・友達かるたを作ろう　・夏休み体験発表会をしよう
・学級文庫の使い方を工夫しよう　・二分の一成人式の記念文集を作ろう
○学級の組織・運営に関するもの
・係を決めよう　・学級会コーナーの使い方を工夫しよう
・係発表会をしよう　・学級文庫の約束を決めよう
○学級会の実施に関するもの
・学級集会の計画を立てよう　・二学期の活動計画を立てよう
○児童会活動に関するもの
・学級紹介の内容を決めよう　・子供祭りの出し物を決めよう
○学校行事に関するもの
・バスレクの内容を決めよう　・宿泊学習の思い出発表会をしよう

用語解説

〔議題例〕
望ましい議題について、年間指導計画に取り上げたり、子供たちに提示したりする議題の例示。

学級活動(1)の活動過程

小学校での学級会の基本的な活動過程は、どのようになっているのですか。

これは、かつて特別活動の研修会で、中学校の先生から質問を受けた内容です。「学級会は、**折り合い**を付けて合意形成を図ることをねらいとしています。その活動過程としては『出し合う』『くらべ合う』『まとめる（決める）』という三つの段階を踏まえて展開し、多様な意見を生かしたよりよい集団決定（合意形成）ができるようにします」とその概要を応え、具体的な各段階での特質について次のように説明しました。

○「出し合う」段階とは、自分の考えを自分の言葉で発表する段階です

一人一人が話し合うことに対する考えを発表します。賛成意見や反対意見を述べるのではなく、様々な考えを発表します。その考えを理解するために質問することはあります。

用語解説

〔折り合い〕
譲り合って解決すること。学級会では「自分もよくて、みんなもよい」という視点。

○「くらべ合う」段階とは、互いの考えを理解し、相違点等を分類し、整理する段階です

賛成意見や反対意見を述べ合い、互いの考えの違いや共通点を明確にするとともに、よりよい考えを見いだすために、多様な意見を分類・整理し、両方のよいところを合わせるなどの視点で創意工夫しながら話合いをします。

○「まとめる（決める）」段階とは、話合いの収束を図る段階です

「くらべ合う」段階を基に、話合いを収束し、学級全員の総意をもってまとめる（決める）ため「条件付きで納得する」なども考えながら話合いをします。

これらの各段階での活動の視点を踏まえ、各段階において、教師には具体的に次のような内容について指導することが求められます。

ポイント

●「出し合う」段階での指導事項

○全員に聞こえるように大きな声で発表します。
○意見には理由も必ず付け加えて発表します。
○ノートは見ないで自分の言葉で発表します。
○賛成・反対意見は発表しません。

用語解説

〔収束〕

「収まる」「束ねる」ということから、混乱した状況や事態などがある一定の状態に落ち着くこと。

○具体的に伝えるため、絵や図を使って説明をすることもあります。

○実際に演技等を行ったり、実物を見せたりすることもあります。

●「くらべ合う」段階での指導事項

○質問をして考えを深く理解します。

○よりよい意見にするため付け足しをします。

○賛成・反対意見を発表します。

○似ている意見をまとめて分かりやすくします。

○意見を聞いて自分の意見を変えることもあります。

○この段階でまとめることもあります。

○賛成・反対意見が出ていない場合、それについてどう考えるか発言の機会を与えます。

●「まとめる（決める）」段階での指導事項

○**多数決**をとらないようにします。

○全員の賛成で決定します。

○条件を付けて決定します。

○よいところを合わせて決定します。

○優先順位を付けて決定します。

○意見を取り入れながら新しい意見をつくります。

○縮小して全部の意見を取り入れます。

○取り上げられなかった意見をほかで生かします。

用語解説

〔多数決〕

集団において、意思決定を図る際に、多数派の意見を採用する方法のこと。

学級活動⑵⑶の活動過程

学級活動⑵⑶の授業の成否は、適切な意思決定に導く指導過程にありますね。

ある研究会で、指導者の先生が話された言葉です。まさに、私も同感でした。

この学級活動⑵⑶は、子供たちによる自治的な活動として展開する学級活動⑴の学級会とは異なり、生徒指導の機能を教育課程の授業として具現化する場です。ゆえに、学級会のように全員に直接関わる「共同の問題」を「議題」として扱うのではなく、個々に異なる現状でも「共通の問題」として教師が取り上げて指導していく「題材」となります。一般的には、主に四つの段階及び振り返りを一連の学習過程としています。

①問題の発見・確認

日常生活における共通の問題から教師が設定した題材について知り、自己の現状を理解したり、解決すべき自己の課題や将来に向けた自己の生き方に関す

用語解説

〔意思決定〕

特定の目的を達成するために、自己の判断と責任において最適と思われるものを選択し、自らの考えで判断し決定すること。

る課題を見いだしたりします。

②解決方法等の話合い

題材について、共通の問題を確認し合い、原因や改善の必要性を探ったり、具体的な解決方法などを見付けたりするために話し合います。

③解決方法の決定

話合い活動で身に付けた解決方法等を参考にし、自分に合った具体的な解決方法を決めるなど個々に「意思決定」をします。

④決めたことの実践

意思決定した解決方法や活動内容について根気強く実践します。

⑤振り返り

実践を定期的に振り返り、**意識化**を図るとともに、結果を分析し、次の課題解決に生かします。実践の継続や新たな課題の発見につなげます。

これらの四つの段階及び振り返りでの学習過程に対応して、教師としての指導上の留意点としては、次のような内容を踏まえておくことが求められます。

用語解説

〔意識化〕

何かについて考えたり、漫然と行動したりしているときに、自分はそのことについて何を考えているのかということを自覚すること。

ポイント

○つかむ段階〔課題の把握〕【導入段階】

個々に異なる問題を「共通の問題」として意識化するため、子供の実態に即した資料を吟味して提示します。〈例〉アンケート等統計資料、写真や映像資料、実物、演技など

○さぐる段階〔学級活動(2)原因の追求、学級活動(3)可能性への気付き〕【展開前段階】

学級活動(2)では原因の追求を行い、学級活動(3)では可能性への気付きとなるような資料を提示し、思考場面とします。〈例〉場面絵や写真、動作化や試行、即興演技など

○見つける段階〔解決方法等の話合い〕【展開後段階】

解決方法を出し合い、話し合って集団思考するため、子供の発言だけでなく、教師の具体的な指導事項を情報提供します。〈例〉時・場・取組方法、**養護教諭等**の協力など

○決める段階〔解決方法等の話合い〕【終末段階】

解決方法を基に、強い意思決定による具体的な行動目標を自己決定します。その際、各個人の目標設定について情報交換して自己決定を再考する場面を設けることが効果的です。また、食育に関することや家庭学習に関することなどについては、積極的に家庭との連携を図る手立てを講じていくことが求められます。

用語解説

〔養護教諭等〕

養護教諭以外にも、栄養教諭や司書教諭、保健師や各分野の専門家等にも協力を依頼することもある。

係活動と当番活動

「体育係」は、なぜ望ましい係活動とは言えないのでしょうか。

この質問は、なんと五年次教員研修会で受講者から問われたものです。

係活動は、子供による**自主的**な活動であり、学級活動の内容として教育課程に位置付く活動です。学級経営上、必要とされ教師が設定する当番の活動とは質を異にするものです。

冒頭の質問にある「体育係」は、体育の授業として用具等の準備を行う活動であれば、必要不可欠な活動である当番としての活動となり、全員で公平に交替して行うことが求められます。また、授業前の準備運動を行う活動であれば、それは本来、教師の行うべき指導内容となります。さらに、基本的には学級生活の充実と向上を目指して創意工夫した活動を展開する係活動は、教科名などと重複しない、子供たちが話し合って決定した名称が望まれます。

次に係活動と当番活動の特質の概要について取り上げます。

用語解説

〔自主的〕
他からの保護などを受けずに、自ら進んで独立して行動すること。

	係活動	当番活動
〔特質〕	学級生活を向上・発展させる活動	学級生活の円滑な運営に資する活動
〔領域区分〕	教育課程（学級活動・集団活動）	日常の生活指導（当番の仕事・集団指導）
〔ねらい〕	子供の創意工夫による活動	手順どおりで責任を負う活動
〔形態〕	学期程度、継続して行う活動	**生活班**等で輪番に交替して行う
〔組織等〕	学級会での子供の話合いで編成	教師による学級経営上の分担による編成

係活動は、互いに支え合う活動を展開することが大切です。活動意欲を喚起するために係ごとに競わせたり、活動の責任を負わせたりするような活動は望ましくありません。例えば、生き物係の連絡を新聞係が掲載して活動を行うなど「係が相互に協働して行う活動」を展開したり、レク係にアンケート調査をする活動を促すなど「ほかの係にアドバイスをする活動」を展開したり、図書係の本の紹介をする活動を称賛するなど「互いのよさを認め合う活動」を展開したりすることは、効果的な活動となります。

用語解説

〔生活班〕

一般的に座席の近い者でグループを編成し、座席移動が即時に可能となる学級生活運営上のグループとして、給食当番等の当番活動に活用される。

ポイント

●係活動に関する十の指導上の視点

①学級会の時間に全員で話し合って係を設定し、分担して活動します。【設定】
②友達と協働して仲よく活動できるようにします。【協働】
③学級活動の時間と休み時間などに実施できるようにします。【時間】
④競争ではなく、互いのよさを認め合って活動します。【称賛】
⑤一部の子供ではなく、全員で役割を分担して活動します。【役割】
⑥誰もが公平に活躍できるように活動します。【公平】
⑦責任を負うのではなく、学級文化を**創造**できるように活動します。【創造】
⑧係活動は、各係の活動状況を学級全員に発信して活動します。【発信】
⑨係相互の活動を交流し、支え合いながら活動します。【交流】
⑩実践の経験を振り返り、改善して次の活動に生かすようにします。【改善】

用語解説

〔創造〕
新しいものを生み出すこと。創作や新しい考え方などオリジナリティの強いものに対して使うことが多い。

道徳科の学習活動

道徳性を養うのは難しいと思いますが、道徳科ではどのような授業がよいのでしょうか。

これは、養護教諭を目指す看護学部の学生が「道徳教育の理論と方法」の授業の中で、自分の経験してきた道徳の授業を想起しながら質問してきた言葉です。

道徳科では、**道徳性**を養うために、目標内に示された「①道徳的価値についての理解を基に、②自己を見つめ、③物事を（広い視野から）多面的・多角的に考え、④自己の（人間としての）生き方について考える学習」という学習活動が大切な視点となります（括弧内は中学校の道徳科の目標）。

①「道徳的な価値の理解」とは、人間としてよりよく生きる上で大切であるという「価値理解」、道徳的価値の意義は分かっていても実現することが難しい人間の弱さなどの「人間理解」、道徳的価値の感じ方や考え方が多様であるという「他者理解」を示します。

用語解説

〔道徳性〕

人間としてよりよく生きようとする人格的特性であり、道徳的実践を可能にする道徳的判断力、心情、実践意欲と態度などの内面的資質のこと。

②「自己を見つめる」とは、自分との関わりについて経験を通して感じ方や考え方を深めることであり、道徳的価値の理解とともに**自己理解**を深めることです。自ら道徳性を養う中で、成長を実感したり、課題や目標を見付けたりすることができるようになります。

③「物事を（広い視野から）多面的・多角的に考える」とは、様々な視点から物事を理解し、主体的に学習に取り組むことです。他者との対話や協働により、物事をより広い視野から多面的・多角的に考え、価値理解や人間理解、他者理解をも深めることになります。

④「自己の（人間としての）生き方についての考えを深める」とは、道徳的価値の自覚を深める学習過程を通して、自分自身の特長や伸ばしたい自己を見つめ、生き方として実現していこうとする思いや願いを深めていくことです。

このような視点を踏まえ、道徳科の授業に生かす指導方法の工夫として、『小学校学習指導要領解説　特別の教科　道徳』第4章第2節3の(4)には次のような例が挙げられています。

用語解説

〔自己理解〕

自分自身を分析することで、様々な面から自己を認識し、それを自分自身が納得して受け止め、客観視できるようになること。

ポイント

●道徳科に生かす指導方法の工夫

○**教材を提示する工夫**：教師による読み聞かせ、紙芝居、影絵、ビデオなど。

○**発問の工夫**：必然性や切実感のある発問、自由な思考を促す発問、物事を多面的・多角的に考える発問、ねらいに関わる中心発問、その前後の発問など。

○**話合いの工夫**：考えを出し合う、比較するなど目的に応じてペアやグループも活用します。

○**書く活動の工夫**：考えを深めたり整理したりする機会や、個別指導を行う機会になり、成長の記録として活用したり評価に生かしたりすることもできます。

○**動作化、役割演技など表現活動の工夫**：特定の役割を与えて即興的に演技する役割演技の工夫、動きや言葉を模倣する動作化の工夫など。

○**板書を生かす工夫**：思考の流れや順序を示すような順接的な板書だけでなく、対比的、構造的に示したり、中心部分を浮き立たせたりするなど。

○**説話の工夫**：教師の体験や願いや様々な事象の**所感**や日常生活の問題、ニュースなどを話し、ねらいの根底にある道徳的価値をより身近なものにします。

用語解説

〔所感〕

何かに触れて心に影響を受け、感じたことや思い浮かんだこと、感想を表す言葉。

探究学習のプロセス

総合的な学習の時間で探究学習を行うときの、学習過程を再確認したいと思います。

教務主任が総合的な学習の時間のカリキュラムマネジメントをする際に、**形骸化**しつつある学校の現状を打開したいと考えて話してくれた言葉です。

現行の学習指導要領改訂の趣旨を実現するための具体的な学習指導のポイントは二つあります。一つは、「学習過程を探究的にすること」、もう一つは「他者と協働して主体的に取り組む学習活動にすること」です。また、探究的な学習にするためには、次のような学習過程を踏まえることが重要です。

①**課題の設定**　**体験活動**などを通して、課題を設定し課題意識をもつ。
②**情報の収集**　必要な情報を取り出したり収集したりする。
③**整理・分析**　収集した情報を、整理したり分析したりして思考する。
④**まとめ・表現**　気付きや発見、自分の考えなどをまとめ、判断し、表現する。

用語解説

〔形骸化〕
誕生した当時や成立当時の意義や内容が失われたり、忘れられたりして、中身のない形だけのものになってしまうこと。

用語解説

〔体験活動〕
体験活動の指導では「安全性・社会性・主体性・公共性・感性・表現力」の六つの視点が取り上げられます。

次に、それぞれのプロセスごとの学習活動のイメージと、そこで行われる具体的な教師の学習指導のポイントを取り上げます。

ポイント

①課題の設定

総合的な学習の時間では、子供が実社会や実生活に向き合う中で、自ら課題意識をもち、その意識が連続発展できるようにする必要があります。課題設定場面では、対象に直接触れる「体験活動が重要」であり、そのことが探究的な学習の原動力となります。

②情報の収集

設定した課題を基に、子供は観察、実験、見学、調査、探索、追体験などを行い、課題解決に必要な情報を収集します。情報は「多様であり、学習活動によって変化すること」を踏まえ、「目的に応じて、自覚的に収集する」ようにし、「収集した情報を適切な方法で蓄積できる」ように配慮することが求められます。

③整理・分析

収集した情報を種類ごとに分けて整理したり、細分化して因果関係を導き出して分析したりすることを通して、思考する活動を高めていきます。情報の整理・分析に当たっては、「子供自身が情報を吟味すること」や、「どのような方法で整理や分析を行うのかを決定する」ように配慮します。「比較、分類、序列化、類推、関連付け、原因や結果に着目して考える」などの「考えるための技法」を用いた**思考ツール**の活用も効果的です。

④まとめ・表現

情報を整理・分析した後、それを他者に伝えたり、自分自身の考えとしてまとめたりする学習活動を行います。この学習活動には、「相手意識や目的意識を明確にすること」「自分の考えや新たな課題を自覚すること」「伝えるための方法を身に付け、目的に応じて選択すること」が求められます。

用語解説

〈思考ツール〉

情報を整理・分析することを意識的に行うために「比較、分類、序列化、類推、関連付け、原因や結果に着目」して考えるなどの思考を可視化する道具。

総合的な学習の時間の授業づくりポイント

総合的な学習の時間では、どのような視点で授業を構成すればよいのでしょうか。

総合的な学習の時間の授業研究を担当することになった教師が尋ねてきました。

確かに、教科書のない分野の授業であることから、なかなか授業づくりのイメージが湧きにくいのは事実です。そこで、まずは、次のような六つの視点を踏まえて授業づくりをすることが考えられます。

●授業づくり六つのポイント

①**探究的な学習**：問題解決的な活動が発展的に繰り返されていく一連の学習活動

②**協働的な学習**：他者と協働して課題を解決しようとする学習活動

③**体験活動の重視**：体験活動を適切に位置付けた横断的・総合的な学習や探究的な学習

④**言語活動の充実**：体験や情報収集を言語により分析したりまとめたりする学習活動

用語解説

〔言語活動〕

言語活動充実の意義と二つの方向性は、「言葉を大切にして言葉の力を育てること」「思考力・判断力・表現力を育て、各教科等の目標を達成するために言語活動を取り入れること」である。

⑤**各教科等との関連**：総合的な学習の時間と各教科等との関連を意識した学習活動
⑥**地域貢献する学習**：地域に学び地域に返す学習活動

ここでは、特に「協働的な学習」について、指導上の配慮事項について取り上げます。協働的に学ぶことの意義とは、「多様な情報に触れること」「異なる視点から検討できること」「地域の人と交流したり、友達と一緒に学習したりすること」と考えられます。

具体的には、次のような視点で授業づくりを行うことが求められます。なお、従来「共同的」としてきたものを今回の改訂で「協働的」と改めたのは、異なる個性をもつ者同士で問題の解決に向かうことの意義を強調するためのものであることを確認しておきます。

ポイント

○多様な情報を活用して協働的に学ぶ

個々に多様な情報を得る体験活動で発見したことを出し合い、共通点や相違点に気付いたり、**関連性**を発見したりすることで、目的や課題を明確にしていきます。協働的な学習により情報を活用することで、探究的な学習の質を高め

用語解説

〔関連性〕

ある事柄と他の事柄との間につながりがあること。関連性の発見は、関連を有する性質や関わり具合を見いだすことである。

ることが可能となります。

○異なる視点から考え協働的に学ぶ

　異なる視点で意見交換をすることで、情報を「比較・分類・関連付け」する学びとなり、互いの考えをより深めることができます。また、話合いを通して事象に対する認識が深まり、学習活動を探究的な学習へと高めることができ、互いのよさや可能性を尊重する態度が育ちます。

○力を合わせたり交流したりして協働的に学ぶ

　一人でできないことでも、集団であれば実現できることは多いものです。また、地域の人との交流は、社会参画意識を高めます。探究的な学習に協働的に取り組むことにより、子供は協働的な学習のよさや意義を学ぶことができます。

○主体的かつ協働的に学ぶ

　協働的な学習では「探究学習の目的・内容・方法」を繰り返し問うことになり、子供が学習活動を振り返り、その**価値**を確認することにもつながります。主体性のある個の学習と協働する集団の学習が相互に関連することで質の高い学習となります。

用語解説

〔価値〕

　その物事がどれくらい大切か、どれくらい役に立つかという度合い。またその大切さや値打ち。

第3章
15

どの子も安心して活躍できる支援

「どの子も安心して活躍できる学級」を創るのは、教師の重要な責務です。

文部科学省では、令和元年十一月に「**心のバリアフリーノート**」をウェブサイト上に掲載しました。様々なバリアフリーに関する理解や授業での指導方法とともに、後段に「どの子も安心して活躍できる学級経営の視点（例）」を取り上げています。ここでは、四つの区分がありますが、「教室環境」については第3章の5で取り上げましたので、ほかの三つを取り上げます。

【組織づくり】

「**日直当番**」：日直の仕事は、一人ではなく、二人以上で担当し、協力して活動します。

「**場面リーダー制度**」：学級会の計画委員を輪番制で行うなど、どの子も活躍できる場を設定します。

「**生活班**」：生活班における個々の役割を明確にし、リーダーは場面によって交代制とします。

「**係活動**」：学級会で合意形成を図り、全員が協働して活動できるような係活動を行

用語解説

【心のバリアフリーノート】

様々な心身の特性や考え方のある人々が、相互に理解を深めようとコミュニケーションをとり、学び合い・支え合い・育ち合う関係を形成していくことを目的に、令和元年十一月にウェブサイトにアップロードされた文部科学省の資料。

います。

「**当番活動**」：給食や清掃当番での役割を明確にし、役割を定期的に交代して活動します。


【授業づくり】


「**姿勢**」：イラストなどを掲示して、正しい姿勢のモデルを示します。

「**発表**」：「はい、～です。理由は、～です」など発表の仕方（話し方）を示します。

「**学習規律**」：話すときは「大きな声で・最後まで・順序よく」等最小限の学習規律を示します。

「**めあて**」：「この時間のめあては～です」と授業の目当てを明確に示し、板書します。

「**学習の流れと時間**」：課題、仮説、実験、発表、まとめなど、学習の流れと時間を示します。

「**手順**」：図画工作科や家庭科などの活動の手順を、写真やイラスト、図で分かりやすく提示します。

「**グループ学習**」：グループでの司会、記録、まとめ、発表者などの役割と進め方を示します。

「**言葉掛け**」：チームで「ナイスプレー」「ドンマイ」など、体育科での励ましの言葉掛けを確認します。

「**半具体物**」：ピザの模型などの半具体物を用いて、割り算や分数の授業に取り入れます。

用語解説

〔半具体物〕

具体物は、文房具、野菜など子供たちが生活の中でよく目にする物。半具体物は、おはじき、ブロック、数え棒などがあり、具体物から半具体物への移行でICT機器を活用する例もある。

「**穴シール**」：リコーダーの穴が見た目や触り心地で分かるように穴パッチシールを貼ります。

「**視覚化**」：音を視覚化できるように、「たん」と「うん」のカードでリズム遊びをします。

「**誤答**」：誤答が授業の内容を深めるよう、子供が発言しやすい雰囲気をつくります。


【教師の言葉掛け】


「**前置き**」：「これから三つ話をします。一つ目は、二つ目は、三つ目は～」と前置きして話します。

「**肯定**」：「～できなかったら～しない」ではなく、「～したら～しましょう」と肯定的に話します。

「**イメージ化**」：「忍者になって廊下を歩きましょう」など、言葉をイメージ化して話します。

「**具体性**」：「あっち、たくさん、ちゃんと」ではなく、目的や終点、量や回数を明確にします。

「**語調**」：声のトーン、抑揚、速さの変化への配慮など、語調に変化をつけて話します。

「**非言語**」：アイコンタクト、OKサイン、動作、アクションなどの非言語動作を活用します。

「**繰り返し**」：子供の言葉を受容するため、繰り返しを活用して言葉掛けを行います。

「**称賛**」：「○○がよくできていたね」など、よい行為を具体的に称賛します。

用語解説

〔非言語〕

言語によらないさまであり、言語を手段として用いないことなどを意味する。非言語コミュニケーションの表現で使うことが多く、身振り手振りや表情などで意思疎通を図ることを指す。

教師の説話

これは、初任者指導教諭が道徳科の授業参観後に、しみじみと話していた言葉です。

教師の**説話**は、授業や学級経営上の様々な機会に行われます。子供の心に響くような教師の説話は、話を傾聴する子供たちの姿勢の育成に直結します。そこには、教師の温かな教育理念を基盤とした適切な説話の手法があります。まずは、話の内容を吟味するとともに、具体的な説話の視点を意識して話すことが求められます。

●子供に分かりやすい「教師の説話」三つの視点と九つのポイント

○視点⑴　「短く、簡潔に」話します

①話のポイントが分かりやすくなるように「キーワード」を入れて話します。

②話したいことの中心が分かりやすくなるように「結論」を先に取り上げて

用語解説

〔説話〕

道徳科の説話は、道徳的価値の実践化への意欲向上を図ることだが、ここでの説話は、説諭することを含めた、広く教師が子供に話をすることの全般的な視点を指すもの。

話します。

③聞いている子供が話を聞きやすくするために話の内容を「簡潔」に話します。

○視点⑵「印象に残る」ように話します

④子供の心情に伝わりやすいように、言葉とともに「豊かな表情」で話します。

⑤言葉の内容が具体的で分かりやすく「イメージ」しやすいように話します。

⑥言葉の内容を理解しやすいように「具体物」などを提示しながら話します。

○視点⑶「理解しやすい」ように話します

⑦話の内容を理解しやすいように、伝えたいことを「**分割**」しながら話します。

⑧話し手の立場ではなく、子供の「聞き手としての立場」になって話します。

⑨話の内容を理解しやすいように「具体例」を盛り込みながら話します。

教師の説話は、子供への愛情の現れでもあります。話を聞いている子供の姿を見れば、教師の説話の善《よ》し悪《あ》しが判断できるものです。

教師として、「何を話したか、どのように話したか」という視点も大切ですが、「子供にどのように伝わったか」ということが最も大切な視点になります。よりよい説話にするためには、次のような点に配慮することが求められます。

用語解説

〔分割〕
いくつかに分けて別々にすること。ここでは、「三つのことを話します」などと理解しやすいように話の内容を分けて話すことを指す。

ポイント

○子供目線での説話

教室の最前列、廊下側、窓側、教卓前、最後列の座席など、子供の座席に座ってみると教師としての視野が変わることがあります。子供の座席に座って、この話の内容は子供に分かるのか、この話し方で子供に伝わるのかなど、改めて子供目線で説話の内容を考えてみることが「教師の説話」の出発点となります。

○豊かな表情での説話

メラビアンの法則では、話し手が聞き手に与える影響として「言語情報七パーセント」、「聴覚情報三八パーセント」、「視覚情報五五パーセント」としています。自らの説話を録画し視聴することによって、自分の表現力を含めた視覚情報の在り方を分析してみることも大切な手法の一つです。

用語解説

〔メラビアン〕

アルバート・メラビアン（一九三九年生まれ）アメリカの心理学者。カリフォルニア大学心理学名誉教授。言語、非言語メッセージの比較の研究者。

第3回　学級懇談会資料

よりよい「子供への接し方」

1　子供が幸せを感じることができるように

子供が幸せを感じるのは、次のような四つの視点が重要であると言われます。
人を（担任・友達・親）と置き換えて考えてみるとどうでしょうか。

① 人から「愛される」こと
② 人から「ほめられる」こと
③ 人から「必要とされる」こと
④ 人の　「役に立つ」こと

2　子供への言葉かけワースト3に気を付けて

子供たちが親に言われていやな言葉として取り上げた「ワースト３」には、次のようなものがありました。

やはり、指示的・命令的な言葉は、受け入れにくいということです。

①「早くしなさい」　②「ちゃんとしなさい」　③「しっかりしなさい」

3　「感謝の心」を大切に

家庭教育ではぐくみたい大切な心情の中に「感謝の心」があります。次のような格言も参考にして、親子での話題に取り上げていただければ幸いです。

感謝の心が高まれば高まるほど、それに比例して幸福感が高まっていく
（松下幸之助）
一番早く年をとるものは何か。それは感謝の心である（ギリシャの格言）

冬休み前に行われることの多い2学期末の学級懇談会資料（例）

第4回　学級懇談会資料

子供の可能性を引き出すために

1　よりよい習慣の定着を目指す

人間の性格は、後天的な成育歴等に大きく左右されます。

様々な諸説がありますが「９０％以上は後からつくられた性格」と言われ、「習慣は第二の天性」とも言われます。

「朝に希望、昼に努力、夜に感謝」との習慣化された言葉の意味の重さを感じます。

2　よい姿勢で自己肯定感を高める

同じ仕事を背筋をピンと伸ばして行うのと、背中を丸めて行うのでは、結果は同じであっても、姿勢のよい時の方が自信がわくと言われます。

姿勢が悪いと、結果を褒められたとしてもプライドにはつながりにくいという結果が出ています。

「身体からの情報が感情にも大きく影響を与える」ということです。

3　相手の話をうなずいて傾聴する

聞き手の話を聞く態度による話し手の変化を調べた実験です。

まず、普通に話を聞くと、話し手は２０数秒で話を止めました。次にうなずきながら身を乗り出して聞くと、話し手は５０秒以上話したそうです。

人は、うなずいて話を聞いてもらうと話しやすくなるものです。

うなずきは、言葉では「合いの手」となり、相手の話を受け入れる仕草になります。

1年間のまとめとして行われることの多い3学期の学級懇談会資料（例）

資料② 学級懇談会資料

この資料は、授業参観後の学級懇談会での「教育情報」として全ての保護者に配布したものです。

各学級では、学級懇談会での話題の一つとして活用することもできます。

第1回　学級懇談会資料

目標の実現に向けて本気で取り組む子

本年度、本校では、一人一人の子供たちが、「目標実現に向けて、仲間とともに本気で挑戦する子供の育成」を基本目標として教育活動を展開します。

ぜひ、お子さんが自ら立てた目標の実現に向けて、地道な努力を継続できるような励ましの言葉がけをお願いします。

1　自分なりの目標を立てて本気で挑戦を

学校では、子供の内発的な意欲を高めていきたいと考えています。

> 学問をするには、まず志（目標）を立てることが必要です。
> しかし、志（目標）を立てるにあたっては、外からの強制によるものであっては望ましくありません。
> あくまでも、自分自身の心の中に芽生えた決意が出発点です。

2　子供が「目標達成の意志」を貫くことができるように

子供が自ら立てた目標を達成しようとする意志を貫くことができるようにするためには、次のような手順を踏んでいくと効果的であるといわれます。

> ① やれそうだという「現実的な目標」を立てるようにする
> ② 「具体的な行動目標」を立てるようにする
> ③ 長期目標を立て、「段階的な目標」を立てるようにする
> ④ 「楽しみ」を取り入れるようにする
> ⑤ 成功するここちよさ、「達成感」を味わうようにする
> ③ 成功体験を「イメージ」として蓄積できるようにする

4月に行われることの多い、年度当初の出会いとなる学級懇談会資料(例)

第2回　学級懇談会資料

「充実した夏休み」にするために

本校では、子供たち一人一人が自分なりのめあてをもって、充実した夏休みを過ごすことができるように、学校全体で「夏休みの学習と生活」の手引きを作成しました。

ぜひ、子供たちが自ら立てた目標を達成しようとする意志を貫くことができるような言葉がけをお願いします。

1　子供が五感で「気付く」ことができるように

イギリスのことわざに次のような言葉があります。

> 「聞いたこと」は忘れる　　「見たこと」は思い出す
> 「体験したこと」は理解する　「気付いたこと」は身に付く

この夏休みに、子供自身が多様な体験をとおして、五感で気付くことができるような働きかけをお願いします。

2　目標の達成に向けた支援を

「一流と二流のリーダーの違い」について、次のような言葉があります。

学校でも御家庭でも考えてみたい視点です。

> ① 二流のリーダーは「成功を促す」
> 　　一流のリーダーは「安心して失敗できるようにする」
> ② 二流のリーダーは「教える」
> 　　一流のリーダーは「気付かせる」
> ③ 二流のリーダーは「自主性に任せる」
> 　　一流のリーダーは「自分では気付かない能力を引き出す」

夏休み前に行われることの多い1学期末の学級懇談会資料(例)

第３章【引用・参考文献】

- 『COMPACT64　学級通信早わかり』　稲垣孝章（2007）小学館
- 『総合教育技術　2017年度版8月号増刊』「『対話』にあふれ、『深い学び』を生み出す『学級経営』」　稲垣孝章（2017）小学館
- 『総合教育技術　2018年度版10月号』「『主体的・対話的で深い学び』を促す学校経営・学校を活性化する若手管理職育成Q＆A　第19回　話し合い活動における話し方・聞き方」　稲垣孝章（2018）小学館
- 『小学校学習指導要領（平成29年告示）解説解説　特別活動編』　文部科学省（2018）東洋館出版
- 『楽しく豊かな学級・学校生活をつくる特別活動　小学校編』　文部科学省・国立教育政策研究所教育課程研究センター（2014）文溪堂
- 『やき先生の特別活動講座　学級会で子どもを育てる』　宮川八岐（2011）文溪堂
- 『よりよい人間関係を築く特別活動』　杉田　洋（2009）図書文化社
- 『特別活動で学校を楽しくする45のヒント』　安部恭子（2021）文溪堂
- 『道徳と特別活動　2018年7月号』「道徳科の授業のストライクゾーン　第8回　道徳科における問題解決的な学習」　浅見哲也（2018）文溪堂
- 『道徳と特別活動　2019年10月号』「道徳科の授業のストライクゾーン　第19回　問題意識をもつこと」　浅見哲也（2019）文溪堂
- 『道徳と特別活動　2020年1月号』「道徳科の授業のストライクゾーン　第22回　道徳科の授業における児童の学びの保証」　浅見哲也（2020）文溪堂

第4章

学級・学校生活
中盤の一般教養

8〜12月

第4章 1

自主学習と自由研究

自主学習の教育的な効果について、保護者にどう説明すればよいのでしょうか。

初任者の教員に質問された学年主任は、次の五点を示しました。

- ○子供が**自分に合った学習を選択**することにより、進んで学習する態度が育ちます。
- ○子供が家庭での学習計画を立案することで、家庭学習の定着につながります。
- ○子供に自分を振り返り、自分なりの課題を発見する力を育てます。
- ○学級担任と子供とのコミュニケーションを深めることができます。
- ○学級担任が個々の子供のよさを見取り、よさを伸ばす手立てを講じることができます。

また、子供が自主学習の計画立案するときには、次のような視点を提示することがあることも伝えました。

用語解説

〔自分に合った学習を選択〕

教師が様々な子供の実態を踏まえた多様な情報を提供し、子供が自分の目的にかなうものなどを選ぶことができるようにする。

○家庭での生活を見つめ直し、自分に適した計画を工夫して作成します。
○塾や習い事などを考慮して、毎日無理なく続けられるような計画にします。
○一週間の予定を考えながら、見通しをもった計画を立てるようにします。
○苦手な学習の克服より、得意な学習や興味のあることから始めるようにします。
○計算問題などは、自分自身で採点をして教師に提出できるようにします。

具体的にどのような学習内容に取り組むことがよいのか、迷う子供もいるのが現実です。教師は、学級内で参考になる自主学習ノートを紹介したり、教師自身がモデルを作成したりするなどして、イメージの共有化を図ることが求められます。

夏休みの**自由研究**は学校で行う教育活動とは異なり、各家庭での学習となります。しかし、家庭環境は多様です。必要以上に家庭に負荷をかけないように配慮し、子供が自分の力で取り組むことができるようにすることが求められます。

ポイント

●自由研究の六つの視点

①作ってみたいもの（動くおもちゃ・小物入れ・貯金箱・ゴミ箱・飛び出す絵

用語解説

〈自由研究〉

身近な生活の中で、自分が疑問に感じたことや不思議に思ったこと、作ってみたいものなどを基に、家庭学習として自ら取り組む学習。

本　など）
②育ててみたいもの（カブトムシ・アリ・ヒマワリ・アサガオ・ハムスター　など）
③調べてみたいこと（夏の天気・水の流れ方・色水のできる花・酸性雨・災害など）
④行ってみたい所（海岸・水族館・城・牧場・湖・世界遺産・城下町・富士山　など）
⑤挑戦してみたいこと（料理・裁縫・水泳・逆上がり・縄跳び・パソコン　など）
⑥続けてみたいこと（日記・漢字練習・マラソン・気温の記録・日照時間　など）

例えば、自由研究で、子供が様々なアイデア作品を考える際の視点としては、次のような例を提示するとイメージを広げることができます。

- ●見方の変化（「長い」傘は不便　→　「短い」折りたたみの傘）
- ●性質の活用（ゴムは「摩擦」で滑らない　→　滑らない「ゴム底スリッパ」）
- ●形の変化（「直線」のストローは飲みにくい　→　「曲がる」ストロー）
- ●**廃材**の活用（「牛乳パック」を活用できないか　→　「小物入れやペン立て」）
- ●物の合体（「鉛筆」と「消しゴム」の両方が必要　→　合体して「消しゴム付鉛筆」）

用語解説

〔廃材〕
不要のものとして廃棄された木材や材料のことで、ここでは再利用の視点として取り上げている。

講義法と集団決定法

講義法と集団決定法での実効性に大きな違いがあることに驚きました。

これは、私が教員の研修会で講演をした際に取り上げた、先行研究に対する参加者の感想にあった言葉の一つです。

集団決定は、子供のよりよい成長に「正の影響」を及ぼします。

各教科等における教育指導では、教師が説諭する場面や、子供同士がグループ等で話し合う場面などがあります。ここでは、「講義法と集団決定法」の先行研究を基に、集団決定法が個人に及ぼす影響について取り上げます。次の実験は、「講義法と集団決定法」という学びの後の実効性について取り上げていますが、教師主導の講義的な授業と子供たちの集団思考を取り入れた授業との違いについても関係の深い研究であると言えます。

レヴィン（Lewin）が「食習慣に関する研究」として次のような研究の報告をしています。

用語解説

〔レヴィン〕
クルト・レヴィン（一八九〇～一九四七）は、アメリカの心理学者で、社会心理学の父と言われた人物。

十三〜十七人からなる赤十字集団を六集団用いて、牛の内臓に関する食習慣の変化について、「講義法」と「集団決定法」の比較を行いました。三集団には、牛の内臓使用の栄養的価値、経済性及び料理法について講義し、ほかの三集団には、一般的な問題から入って牛の内臓使用に関する食習慣の変化について集団討議が行われ、集団決定がなされました。一週間後に調査したところ、講義を受けた婦人の内の三パーセント、集団決定では三二パーセントが牛の内臓を使用したという変化が見られたということです。

この実験結果から、知的な学びを実際の行動に直結させるために**実効性**のある方法は、「講義法」よりも「集団決定法」であることが分かります。

このような先行研究を基にして、集団決定法に関する効果について、講義法との比較を交えながら、その特質を取り上げます。

ポイント

●集団決定法の効果

○「講義法」は受講者が**受動的**になるのに対して、「集団決定法」は自我関与が

用語解説

〔実効性〕
実際に効き目があり、効果や影響などがある様子。実際に現れる効力や効果。

強くなり、主体的に課題に取り組むことができます。

○「講義法」は決定への動機付けが弱いのに対して、「集団決定法」は討議への参加により、決定に強く動機付けられます。

○「講義法」は心理的に孤独な状態になるのに対して、「集団決定法」は集団の中で個人の目標設定がなされやすくなります。

○「集団決定法」の効果は、単に指導者の力量や問題の特性によって大きく変化するものではありません。

○「集団決定法」の効果は、二週間から四週間にも及び、その集団が持続しなくても効果をもたらすものです。

○集団が組織化されていなくても、集団決定から生じる実践に対する変化への力は大きくなります。

用語解説

〔受動的〕
自分の意志からではなく、他からの働き掛けによって行動する様子。

グループ学習

グループの話合い場面で、子供たちは活発に意見交換をしていてよかったと思います。

授業研究会後に、参観していた教師が授業展開の感想として述べた言葉です。

実は、このとき、私はとても違和感を覚えていました。そして、その違和感は多くのグループ学習を参観していて感じていたことでもありました。

グループ学習は、子供たちの「**学び合い**」を深めます。しかし、それは単にグループの形態をとれば「学び合い」になるということではありません。

例えば、グループ学習の場面で、一見、子供たちが活発に学習をしているようでも、その話合いの様子をよく聞いていると、一部の子供だけが意見を述べているということが少なくありません。また、理解の早い子供が、理解の遅い子供に一方的に教えていることを「学び合い」として評価するというような場面が散見されます。

グループ学習を効果的な「学び合い」にするためには、教師が次のような意図をもった学習場面を選定する必要があります。

用語解説

〈学び合い〉
仲間と関わり合いながら学びを進めていくことであり、互いの考えを認め合い、つまずいている仲間を支え、共に高め合っていくこと。

○自分の考えと他の意見を比較して考えることで「思考を深める」学習場面
○質の異なる多様な考え方を出し合い、「豊かな発想」を膨らませる学習場面
○多様な意見を出し合い、視点を広げて「多面的な思考」を引き出す学習場面
○対話を活用して個々に意見を表現する場として「思考を広げる」学習場面
○協働して行う活動を基に、体験的で「主体的な学習」となる学習場面

あくまでも、グループの形態が先にあるのではなく、教師が意図をもった学習場面を選定してグループ学習を活用することが求められます。そして、グループ編成についても、**生活班万能主義**ではなく、学習内容によっては、次のようなグループ編成をすることも考えられます。

- 学習テーマが同じ者（環境・福祉など）
- 調べる資料が同じ者（図鑑・統計など）
- 異なる調査をした者（川・山・畑など）
- 同質・異質の考えの者（線分図・絵など）
- 能力が均等になる編成（リレーなど）
- 男女合同の編成（調理実習など）

用語解説

〔生活班万能主義〕
様々なグループ活動を多様な編成とせず、主として生活班を活用して実践すること。

なお、グループ学習での集団思考は、個人に対して次のような影響を及ぼします。

ポイント

●集団思考が個人に及ぼす効果

○「**知識量**」の増加：異なった考えと接し、一人では得にくい知識を身に付けることができます。

○「**知覚学習**」の促進：捉えにくい知覚学習でも、集団で検討することによって安定してきます。

○「**思考**」の深化：異なった考えの成員に接し、ものの見方が深化していきます。

○「**友好関係**」の向上：集団思考によって、他の成員に愛着を感じるようになります。

○「**学習意欲**」の向上：一人では取り組みにくい問題でも、励まし合って解決に取り組めます。

○「**対人運動技能**」の習熟：自分の考えを身振り等で、相手に伝達することが上手になります。

○「**対人行動**」の上達：各成員の役割等が明らかになり対処が上手になります。

○「**人格形成**」への寄与：異なった考えに接し、自己制御の力が養われるようになります。

用語解説

〔知覚学習〕

事物、事象に対する知覚が、長期の学習経験によって短時間で成立したり、明瞭になったりするなどの変化を生じさせる学習過程。

4 発言阻害

どうしたら全員の子供たちが積極的に発言するようになるのでしょうか。

この質問は、様々な研究会で話題になることです。この質問への回答は、一様ではないと思います。子供の発達の段階、成長過程における発達的な特徴、子供の個性、そして学級集団の雰囲気や教師の発問の投げ掛けなど、様々な要因によって学級内に「発言をしない子供」が生まれてしまうのだと思います。

私は、同じ学年で同じ題材、同じ議題などでの研究授業を何度も拝見してきました。その際、学級によって発言の内容や子供の表情などに驚くほどの違いを感じたことがあります。おそらく、多くの授業を参観された方なら同じような感想をもたれたことがあると思います。

「発言をしない子供」は、「発言をしたくない」のではなく、「発言をしにくい状況に置かれている子供」という認識からスタートする必要があります。

そのためには、まず「発言をしない子供」の**理由分析**をする必要があります。こ

用語解説

〈理由分析〉
理由を分解して、それらを成立させている要素や側面を明らかにすること。

こでは、岸田元美氏の調査結果を基に、その一部を取り上げて考えてみたいと思います。

区分	阻害要因
Ⅰ「自分自身の感情」によるもの	言おうと思うが勇気が出ない（39％）
Ⅱ「相手への意識過剰」によるもの	文句を言われないか心配（10％）
Ⅲ「相手の行為で阻害」されるもの	言いたいことをほかの人に言われてしまう（25％）
Ⅳ「関心度」によるもの	言うことを思いつかない（42％）
Ⅴ「問題の理解困難」によるもの	話し合っていることが分からない（20％）
Ⅵ「表現技術の不足」によるもの	発言の仕方が分からない（11％）

このような「発言をしない子供」の理由分析を踏まえ、例えば、学級会での発言を増やすためには、次のような視点で指導の手立てを講じていくことが考えられます。

ポイント

区分Ⅰ「勇気が出ない」→学級会ノート等を活用して発言内容を事前に準備できるようにします。

区分Ⅱ「文句を言われないか」→互いのよさを見取る集団活動を積極的に取り入

用語解説

〔阻害要因〕
何らかの物事の進行に対して害や妨げになっている要因のこと。

れていきます。

区分Ⅲ「ほかの人に言われる」→同じ意見のよさ、発表の仕方を指導します。

区分Ⅳ「思いつかない」→議題選定方法の工夫と、事前の予告等により関心度を高めます。

区分Ⅴ「話が分からない」→話の内容をよく説明し、発言内容を明らかにします。

区分Ⅵ「発言の仕方が分からない」→話型を提示し、各教科等でも繰り返し指導します。

このような手立てを講じるために必要不可欠なのは、子供の自己表現を教師がどのように引き出すかという視点です。また、たとえ誤答などがあっても非難したり見下したりせず、認め合えるような学級の支持的風土や共感的土壌を醸成することが大切です。

それには、教師が子供の発言に対して、「一人一人の発言を大切に取り上げようとする姿勢」「その子供なりの発言を引き出そうとする姿勢」「具体的で簡潔な発問に努めようとする姿勢」「学級内での友達からの**圧迫感**を取り除く姿勢」をもつことが求められます。

用語解説

〔圧迫感〕

心理的、精神的に威圧感を与えることであり、受け手が強く押さえ付けられている感覚。

5 関連発言

子供たちは、活発に発言していますが、これでは教師と子供の一問一答ですね。

これは、私が研究授業を参観しているとき、ほかの指導者と交わした言葉です。
その授業では、次のような学習活動が展開されていました。

①教師が**発問**を行い、その解答に向けて多くの子供が挙手します。
②教師は、挙手した子供を順に指名して、教師の求める解答が出るまで指名を続けます。
③教師が求める解答が出ないときは、質問に補足をしながら正答を導きます。
④子供の発表に正答が出たら、教師は用意した次の質問に移行します。

一見、子供の挙手が多く、活発に学習しているように感じますが、学習の様子をよく見ていくと教師の発問に対して、個々の子供の反応が一問一答として展開され

用語解説

〔発問〕
答えを求めて尋ねるのではなく、子供に考えて答えさせることを目的とし、課題としての問いを提示するもの。

ている授業でした。実は、このような一問一答のピンポン式の授業展開は、学校ではなかなか改善されていないのが現状です。

まずは、教師の発問が、定められた解答を求めるようなものでなく、子供の多様な考えを引き出すものとなるように工夫することが求められます。そして、一人の子供が発表した考えを他の子供に広げ、多様な発言につなげていくような「関連発言」を促す教師の働き掛けが必要となります。このことは、学級会などの話合いの活動で、子供が活発に発言しているように見えても、その発言が単なる個人の考えを表明する意見発表会となっている場合に、集団として話し合う意味が半減してしまうことと同様の考え方です。

一人の考えが他の子供の考えと関連付けて取り上げられることにより、「**主体的、対話的で深い学び**」を実現する端緒となります。また、一人の考えから多様な見方や考え方を見いだし、自分と異なる他の考えのよさを認め合い、子供同士が他と関わりながら学習していく過程を通じて、学級内に子供同士のよりよい人間関係を構築することにもつながっていくものです。

具体的には、次のような「関連発言」の**話型**について指導していくことが求められます。

用語解説

〔主体的、対話的で深い学び〕

中央教育審議会答申（平成二十八年十二月）で示された三つの固有の授業改善の視点。

用語解説

〔話型〕

子供たちが話合いの学習を進めるための手掛かりとして、いくつかの典型的な話し方などを提示する指導の手立てのこと。

ポイント

●関連発言の話型

「付加」：「私は、Aさんの考えに〜を付け足して、〜という考えです」

「質問」：「〜については、Aさんはどのように考えていますか」

「確認」：「Aさんの考えは、〜ということでよいのでしょうか」

「統合」：「私は、AさんとBさんの考えのよいところを合わせて、〜がよいと思います」

「承認」：「私は、Aさんの考えの〜というところがよいと思います」

「再考」：「私は、みんなの意見を聞いて、〜という考えから〜という考えに変えました」

「発展」：「私は、Aさんの考えに〜を加えるともっとよい考えになると思います」

「援助」：「私は、Aさんが言いたいのは〜という考えだと思います」

「賛成」：「私は、Aさんの考えに賛成です。理由は、〜だからです」

「修正」：「私は、Aさんの考えの〜のところを変えて〜にしたらよいと思います」

体験活動

聞いた事は忘れる。見た事は思い出す。体験した事は理解する。気付いた事は身に付く。

これは、校長として毎週発行してきたある回の「**校長室だより**」に掲載した言葉です。

体験活動は、子供たちに多様な感動体験を経験させ、多くの貴重な学びを体得させる場となります。その貴重な機会を、言語活動を通して「気付いて学ぶ」確かな学習として導いていくことが大切です。そのためには、言語活動を充実させることが不可欠です。その際、活動後だけでなく、活動前や活動の途中にも「話す、聞く、読む、発表する」などの活動を意図的に取り入れていくことが確かな学びの基盤となります。「体験あって学びなし」とならないように、教師が体験活動のねらいをしっかり踏まえ、適切に指導することが「子供を変え、学級を変え、学校をよりよく変えていく」ことにつながります。実際に体験したことを、事後の活動として振り返る際には、次のような視点を重視することが求められます。

用語解説

〔校長室だより〕

校長が所属職員に対して、定期または不定期に、日常の教育指導に関する所感や指導方針、教育情報等を提示するもので、名称は校長によって異なり、発行の義務はないもの。

○体験活動が単に「楽しかった」だけで終わらないように、誰が、いつ、どのようなことが楽しかったのかなどについて、自分なりの言葉で表現できるようにします。

○体験活動を行う前と後の自分を比べて、変容しているところを探し、何が変容につながったのかについて自覚できるようにします。

○活動前に設定した自分のめあてについて、どの程度達成できたかを自己評価し、自ら成果と課題を確認できるようにします。

教育課程に位置付いた体験活動は、学校としての創意工夫を生かし、各教科等との関連を図りつつ、「**往還的な学び**」となるようにする必要があります。その際、家庭や地域の人々との連携、社会教育施設等の活用などを工夫し、「単なる体験から気付きの学び」となるように配慮することが求められます。

ポイント

●体験活動で育てたい六つの資質と配慮点

「安全性」：けがからは感動体験は生まれません。子供が自ら安全に気を付けて

用語解説

〈往還的な学び〉

往還とは道を行き来することであり、ここでは、各教科等での学びと体験活動が相互に関連、連携して子供に確かな資質・能力を育むことを指す。

活動できるような「安全性」に関する指導が不可欠です。

「**社会性**」：体験活動の多くは集団活動です。多様な他者と関わって協力する活動場面を意図的に取り入れて「社会性」を育む必要があります。

「**主体性**」：教師から与えられた活動だけでなく、子供が自ら選択して「主体性」をもって活動する場面を設定することが大切です。

「**公共性**」：体験活動は、実社会と関わる場面が多く取り上げられることから、集団のルールや約束を守るという「公共性」が重要です。

「**感　性**」：体験活動は、五感を通じて「**感性**」を高めることを意識して活動を展開することによって充実した活動となります。

「**表現力**」：体験したことを自分なりの表現方法で、言葉や文章にして相手に伝え、「表現力」を高めることが確かな学びに直結します。

用語解説

〔感性〕

何かを見たり聞いたりしたときに深く心に感じ取ることや、物事に対して感じている感覚的能力のこと。

第4章 7

ジグソー学習法

この学習法では、どの子もそのグループで大切な役割を担っているのですね。

これは、学級担任時代に、六年生の社会科の歴史学習の授業を公開した折、教師として経験の浅い教員が感想として述べた言葉です。

第4章の「3　グループ学習」で言及したように、グループ学習においては、一見、子供たちが活発に学習しているように見えても、その実、話合いや学び合いとして不十分なケースが散見されます。

このような弊害を克服するための効果的な学習方法の一つが「ジグソー学習法」です。

アロンソンら（Aronson et al. 一九七五）の考案したこの学習法を、**蘭千壽**（一九八〇）は要約して次のように紹介しています。

A　学級内で、五～六人の小グループを編成します（これを「原グループ」と

用語解説

〔アロンソン〕

エリオット・アロンソン（一九三二～）は、アメリカの社会心理学者であり、共同学習を促進するためにジグソー学習法を提唱した学者。

用語解説

〔蘭千壽〕

蘭千壽（一九四九～）は、千葉大学名誉教授、育英大学教授であり、教育心理学、社会心理学を専門とする学者。

呼びます）。

B　各グループから一人ずつ集まり、分割した教材の文節を一つずつ与えられます（これを「カウンター・グループ」と呼びます）。ここで、各自与えられた教材について意見を言ったり、話し合ったりして学習します（**カウンターパート・セッション**）。

C　その後、「カウンターパート・セッション」から、元の「原グループ」に戻ります。各メンバーは、それぞれ異なった教材を学習しているため、互いを情報源として、仲間同士で教え合います。

この学習法を用いて、蘭千壽（一九八一）は、小学校四～六年生を用い、国語と社会の授業において一週間で六～七時間のジグソー学習を、六～十二週実施しました。その結果、学業成績の低い子供においても好ましい効果が六週間で見られているとし、メンバーを交替すると、さらによい影響を与えているなどと報告しています。ここでの原グループとカウンター・グループの構成は、次のようになります。

用語解説

【カウンターパート・セッション】

対等の立場にある者同士で、一定の時間内に協議や話合いをもつこと。

○ジグソー学習でのグループ構成

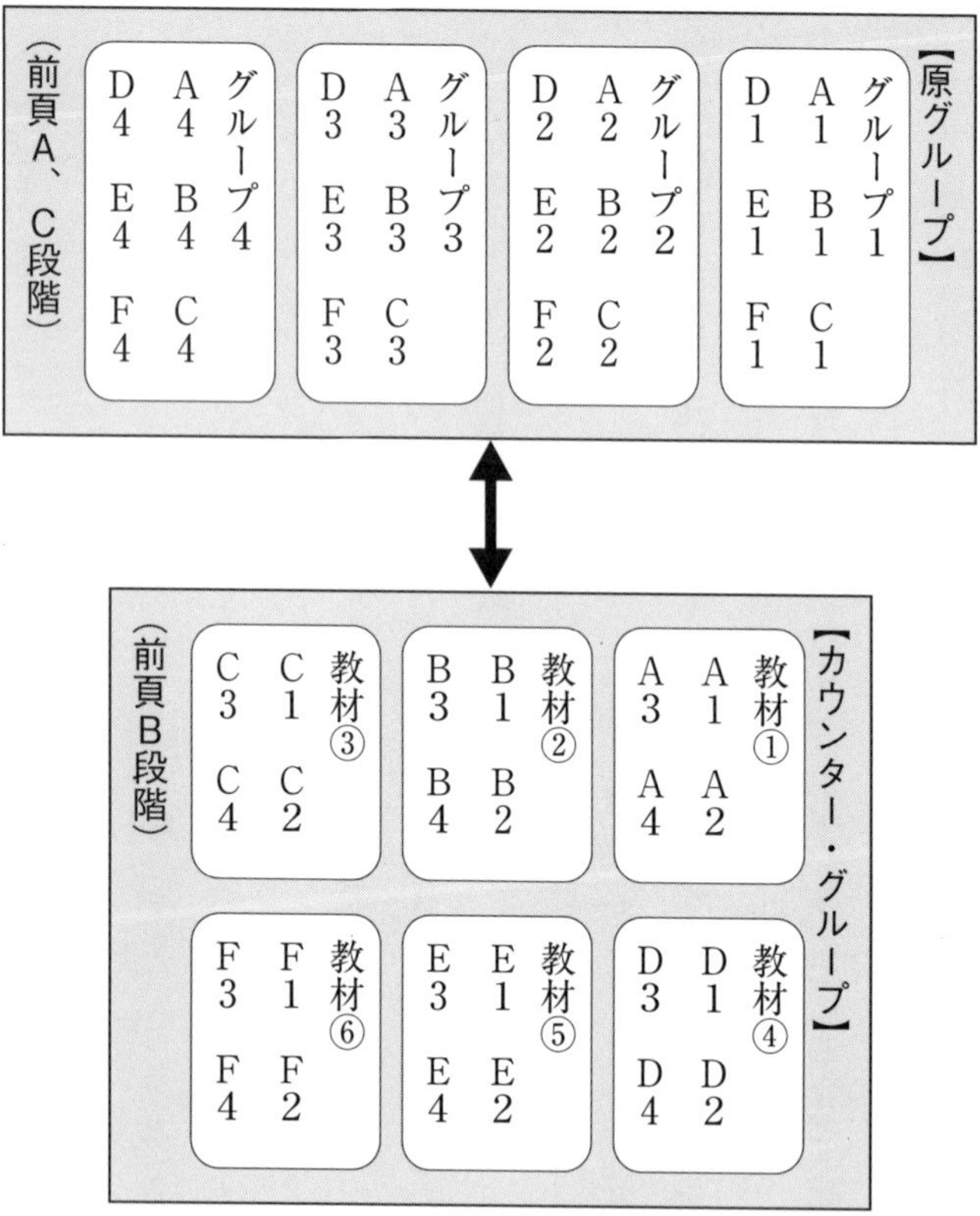

思考力

子供たちの思考力を高めたいと思っていますが、どうしたらよいのでしょうか。

これは、私が初任者研修の校内指導教員である時代、初任者から質問された言葉です。

この質問についての回答を簡潔に表記することは難しいので、**国立教育政策研究所**が平成二十七年に教育課程部会の参考資料として「思考力・判断力・表現力等」についての整理のイメージをまとめています。その中で、「特定の課題に関する調査（論理的な思考）」として、「論理的に思考する過程での活動」を六点取り上げているので参考資料として紹介します。

①資料から読み取ることができる「規則、定義、条件等を理解し適応する」
②多くの資料や条件から推論に「必要な情報を抽出し、分析する」
③資料は、全体としてどのように述べているか「趣旨や主張を把握し、評価する」

用語解説

〔国立教育政策研究所〕
教育行政に関する国立の研究機関として、学術的な研究活動から得た成果を教育行政の企画・立案にとって有意義な知見として集約・提示し、国内の教育に関係する機関や団体等に情報提供したり必要な助言・支援を行ったりする機関。

> ④資料に提示されている事象が論理的にどのような関係か「事象の関係性について洞察する」
> ⑤前提となる資料から「仮説を立て、他の資料などを用いて検証する」
> ⑥前提となる暗黙の了解や根拠などを明らかにして「議論や検証の構造を判断する」

また、次に障害児教育等でも活用されている「セガンの三段階」について取り上げ、思考力を高める言語教育の練習法について考える際の参考にしたいと思います。

> モンテッソーリ教育に影響を与えたフランス人医師で教育者の**セガン**は障害児教育に力を入れ、思考力を無理なく高める手立てとして、言語教育の練習法で、物の名前を三段階に分けて教えることを提唱しています。
> 例えば、学習者に「鉛筆・ペン・筆」を見せます。
> 〈第一段階〉三つを見せて「鉛筆」を指し、「これは鉛筆です」と話します。（記銘）
> 〈第二段階〉三つを見せて、「どれが鉛筆ですか」と質問します。（保持）
> 〈第三段階〉三つから「鉛筆」を取り上げて、「これは何ですか」と質問します。

用語解説

〔セガン〕
エドゥワール・セガン（一八一二～一八八〇）は、知的障害のある子供の教育を専門とする最初の私立学校をパリに設立するなど、障害児教育の発展に多くの業績を残した人物。

（再生）

学習者に「これ」「どれ」「何」と質問して答えさせるのが「セガンの三段階」で、この繰り返しが学習者の「思考力」を育てるとしています。

学校での授業においては、子供の思考力を伸ばすのは教師の正しい**子供観**と、それに応じた指導力にかかっていると言っても過言ではありません。次に、教師が授業を展開する上で、子供の思考力を伸ばすための視点を取り上げます。

ポイント

●子供の思考力を伸ばすための視点

○すぐに問題の解答となるような「結論や正答」を与えないようにします。
○一つの問題や課題に対して「多面的、多角的」に考えるようにします。
○子供の「誤答」は学びを深める解答として捉え、大切に扱うようにします。
○解答できたという結果よりそれに至る「過程」を重視するようにします。
○問題や課題に対する子供の「疑問」を大切に扱うようにします。
○各教科等で学習したことを日常の「生活」に結び付けるようにします。

用語解説

〔子供観〕

子供はどのような存在であるか、子供にどのような子供時代を与えるべきかを問う視点のこと。

考えるための技法（思考ツール）

子供たちが思考を広げたり深めたりする上で、効果的に活用できるものはありますか。

これは、初任者研修で、グループ学習の効果的な方法に関して質問を受けた言葉です。

小学校学習指導要領（平成二十九年告示）第5章　総合的な学習の時間　第3の2の⑵には、次のような記載があります。

> 探究的な学習の過程においては、他者と協働して課題を解決しようとする学習活動や、言語により分析し、まとめたり表現したりするなどの学習活動が行われるようにすること。その際、例えば、比較する、分類する、関連付けるなどの考えるための技法が活用されるようにすること。（傍線筆者）

この考えるための技法については、次のような三つの意義があるとされています。

一つには、「教科を越えて子供の**思考**を助けること」。二つには、「協働的な学習、対話的な学習がしやすくなること」。三つには、「学習の振り返りや指導の改善に活用できること」です。『小学校学習指導要領解説　総合的な学習の時間編』p84では、具体的な技法について次のような例示を取り上げていますが、これらは漏れなく重なりなく列挙されたものではなく、関わり合うものとしています。

ポイント

○「**順序付ける**」：複数の対象について、ある視点や条件に沿って対象を並び替える。
(例)　座標軸など

○「**比較する**」：複数の対象について、ある視点から共通点や相違点を明らかにする。
(例)　ベン図など

○「**分類する**」：複数の対象について、ある視点から共通点のあるもの同士をまとめる。
(例)　**Yチャート**など

○「**関連付ける**」：複数の対象がどのような関係にあるか見付ける。ある対象に関係するものを見付けて増やす。
(例)ウェビングなど

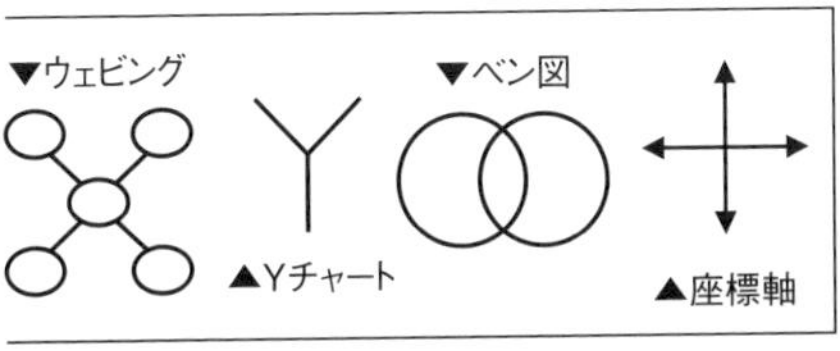

用語解説
〔思考〕
考えや思いを巡らせ、結論を導き出すなど、何かしら一定の状態に達しようとする過程において、筋道や方法などを模索する精神活動のこと。

用語解説
〔Yチャートなど〕
考えを分類したり多面的に見たりして整理するときに活用できる思考ツールで、Xチャート、Wチャートも同様に活用できる。

〇「**多面的・多角的に見る**」：対象のもつ複数の性質に着目したり、対象を異なる複数の角度から捉えたりする。

㈷くまで図など

〇「**理由付ける**」：対象の理由や原因、根拠を見付けたり予想したりする。

㈷　**クラゲチャート**など

〇「**見通す**」：見通しを立てる。物事の結果を予想する。

㈷　ＫＷ法など

〇「**具体化する**」：対象に関する上位概念・規則に当てはまる具体例を挙げたり、対象を構成する下位概念や要素に分けたりする。

㈷ピラミッドチャート（上から下へ）など

〇「**抽象化する**」：対象に関する上位概念や法則を挙げたり、複数の対象を一つにまとめたりする。

㈷ピラミッドチャート（下から上へ）など

〇「**構造化する**」：考えを構造的（網構造・層構造など）に整理する。

㈷情報分析チャートなど

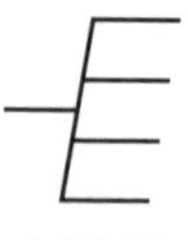

▲くまで図

▼クラゲチャート

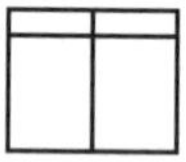

▲KW法

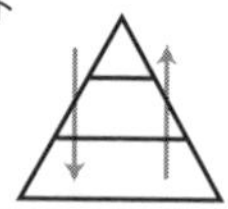

▲ピラミッドチャート

▼情報分析チャート

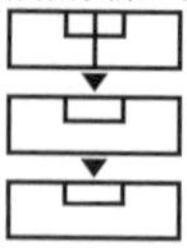

用語解説

〔クラゲチャート〕

頭の部分に主張や意見、足の先にある丸の中にその理由を書き出していく思考ツールで、キャンディチャートやデータチャートも同様に活用できる。

学級会参観の視点

この学級会は、子供たちが積極的に発表していてすばらしいですね。

ある学級会の研究授業を参観した折に、指導者である指導主事が私に語り掛けてきました。そして、重ねて次のように話しました。

「この学級会は最高です。多くの先生方に参観して参考にしてほしいですね」

そのとき、私は、決してこの授業は最高とは思えませんでした。

むしろ私は、この研究授業は、学級会で子供たちに育てたい本来の資質・能力からすると、目指すべき学級会とは言えないと感じていました。この学級会の研究授業では、次のような子供たちの活動の様子が見られました。

○どの子供も真っ直ぐに挙手し、自分の意見を堂々と発表している。
○学級内の全員が、**学級会ノート**を見て大きな声で最後まではっきり発表している。

用語解説

〔学級会ノート〕

次の学級会の議題の提案理由や話し合うことが記載され、事前に子供一人一人に配付するもので、子供が自分なりの考えを書き留めておくノートであり、学級活動の自己評価等にも活用されることが多い。

○賛成の多い意見に決定し、時間内に全ての話合いが終了している。

一見すると、まさに充実した学級会のように感じられるのは事実です。また、子供たちの学習規律の育成という面では、すばらしい授業と言っても過言ではないと思います。しかし、私が気になったのは次のような視点です。

○各自の発表が、事前に学級会ノートに書いてある意見の発表になっている。
○全員が発表しているが、他の意見を受けた関連のある発表は見られていない。
○反対や修正等の意見が交わされず、賛成の多い意見に安易に決定している。

特に、学級会ノートに書いてあることを発表するという単なる「**意見発表会**」では、教育課程に位置付く学級活動として求めている活動にはなり得ません。自分と異なる意見との違いを認識し、互いに考え認め合い、少数意見のよさを生かしたり、多様な意見のよさを統合したりするような「自分もよく、みんなもよい」という合意形成の話合いをすることが求められます。このような視点を含め、次に学級会参観の視点を十点取り上げます。

用語解説

〔意見発表会〕

ここでは、個々の子供が他と関わりなく、各自の意見をそれぞれが発表する様子を示す。

ポイント

●学級会参観の視点

①話合いの根拠となる「提案理由」の説明が適切で、全員が理解しているか。
②意見は学級会ノートにとらわれず、「理由」を付けて発表しているか。
③意見の発表は単発ではなく、他の意見を受けて「関連」するものであるか。
④数の多少ではなく、各意見の「よさ」を生かしながら合意形成しているか。
⑤決定されなかった意見も大切にし、どこかで「生かす」ように考えているか。
⑥反対意見を否定と考えず、よりよくするための「修正案」を出し合っているか。
⑦参加者全員で時間内に終わるように「進行」に関わっているか。
⑧黒板記録が全員の思考を整理できるように、教師が「**板書**」を適切に支援しているか。
⑨協力して実践活動ができるように、「役割」は全員で公平に分担しているか。
⑩教師の「助言」は、必要に応じて行われ、まとめの評価は視点を明確にして行っているか。

用語解説

〔板書〕
一般的には、学校教育において教師が学習事項を黒板に書くことを意味するが、ここでは黒板記録の子供が出された意見を板書することを指す。

第4章 11

合意形成の方法

学級会の授業参観後、特別活動の研究をしている学校の校長先生が私に語られた言葉です。まさに「合意形成」は、学級会の中核です。その実践は、イメージの共有化と意見の類別を基に「自分もよく、みんなもよい」という「折り合い」を付ける話合いを目指すことにあります。

特に、少数意見も大切に扱うことを基本とし、どの意見も切り捨てることなく、多様な意見のよさを生かしながら、合意形成していく過程を重視していくことになります。合意形成を図るには、話合いの条件設定として、次のような教師の指導が求められます。

○「提案理由の**明確化・浸透化**」が不可欠です。提案理由は、話合いの目的であり、個人的な好き嫌いから脱却するための合意形成の羅針盤であり、判断基準です。

用語解説

〈明確化・浸透化〉

ここでは、提案理由の曖昧なところを明確にし、提案理由がしだいに全員に行き渡ることを指す。

○「決まっている条件の明確化」が重要です。準備する場所や用具、活動時間などが明確でなければ、子供たちの自治的な活動を促進することは困難です。

○「少数意見を尊重すること」が出発点です。学級会の合意形成は、多数決ではなく、勝ち負けではありません。どの意見も大切にすることが基盤です。

○「反対意見の正しい認識」が大切です。反対意見は否定ではなく、よりよい意見にするために、建設的な修正意見という認識をもつようにします。

○「学級全員で進行をする」という意識が必要です。計画委員だけでなく、学級全員で進行を意識して話し合うことで、合意形成を図りやすくなります。

○「常に**実践の活動**を考慮する」ことを前提にします。現実的な実践を考えて話し合うことにより、話合いが焦点化しやすくなり収束の基準にもなり得ます。

「合意形成」を図る話合いでは、教師が次のような多様な「話合いの収束」の方法を検討しておき、必要に応じて子供に例示していく方法があります。

ポイント

●合意形成を図るための四つの視点と七つの方法例

(1)意見を合わせる方法

用語解説

〔実践の活動〕

実践とは、実際の状況の下でそれを行うことであり、ここでは学級会で話し合ったことを実際に行う活動を指す。

用語解説

〔合わせる方法〕

統合する意見の意味を表すもので、それぞれの意見のよさを取り入れながら新たな意見を構築することを指す。

①A＋B＝AB　例：折り紙（A）とメダル（B）⇒メダルに折り紙を貼り付ける（AB）

(2) 意見の一部を取り入れる方法

②A＋B＝C　例：野球（A）とサッカー（B）⇒フットベース（C）

③A＋B＝Ab　例：野球のルール（A）を主として、サッカーのルール（B）も取り入れる（Ab）

(3) 意見を縮小して取り入れる方法

④A＋B＝C（a、b、c）　例：宝くじ（A）と射的（B）を縮小して、お祭り（C）としてほかのものも入れる（a、b、c）

⑤A＋B＝a↓b　例：時間を分割し、宝くじ（A）を前半、射的（B）を後半に縮小して行う（a↓b）

⑥A＋B＝a・b　例：宝くじ（A）と射的（B）を縮小して同時に二か所で行う（a・b）

(4) 順位を付けて決定する方法

⑦A＋B＝A↓B　例：今回はクイズ（A）、次回はイラスト（B）の大会を行う

学級会の助言

残念ですが、この授業では教師のあの助言が、子供の思考を混乱させてしまいましたね。

長年学級会の研究を推進してきた研究校で、研究授業を参観した折に、ほかの指導者に私が第一声として話した言葉です。学級会は、教師の適切な指導の下に、子供たちの自発的、自治的な活動を推進する特別活動の中核となる教育活動です。ゆえに、子供たちのよりよい合意形成を図る話合いを支える教師の**助言**は極めて重要になります。冒頭の言葉は、教師の意図する方向に導こうとする助言に対して述べたものでした。

学級会での助言には、次のような視点が取り上げられます。

○**助言の対象**〔誰に〕「個々の子供・計画委員・提案者・グループ・学級全体　など」
○**助言の内容**〔何を〕「話合いの進度、角度、深度・生徒指導上の問題　など」
○**助言の機能と役割**〔何のために〕「指示・再考・問題解決・承認・激励・援助・補助・

用語解説

〔助言〕
子供の助けになるような意見を教えること、ないしはその言葉を指すが、学級会での助言は全体に向けて行うことが望ましいとされる。

明確化・認識の**共有化**　など」

○**助言の機会と場**〔いつ・どこで〕「事前の活動・本時の話合い（前段・途中・終盤）・事後の実践活動　など」

○**助言の方法**〔どのように〕「基本は学級全体・メモ・現物資料・作製資料　など」

学級会では、話合いの過程で様々な助言の場面に遭遇します。話合いが混乱する際に、例えば、認識のズレに対する「イメージの共有化」、提案理由を浸透化するための「目的の再認識」、出された意見の「分類化」、他の意見を傾聴して行う「関連発言」、意見を出し合った後の「多様なまとめ方」の理解などが考えられます。また、人権教育上の配慮としての助言や自治的な活動範囲に関する助言、承認や激励に関する助言なども考えられます。次に、学級会で遭遇しやすい場面とその対応の視点の例を取り上げます。

ポイント

●学級会での助言場面　十二の視点

①話合いの中心が逸れたとき（提案理由やめあての確認を促す助言）

②発言が偏ったとき（ほかの子供の考えを引き出すような助言）

用語解説

〔共有化〕

学級会では、一つの考えについて全員が共通の認識をもつことを指す。

③発言が出なくなったとき（具体的な実践場面の想定を促すような助言）
④少数意見が取り上げられないとき（少数意見のよさを認める助言）
⑤男女で意見が対立したとき（互いのよさを認め合えるような助言）
⑥意見が対立したとき（別の角度から考えることを促す助言）
⑦**実践不可能**な結論になりそうなとき（実践場面を想定する助言）
⑧時間内に終わらないとき（全員で進行する意識を高める助言）
⑨なかなか決定できないとき（目的やめあての再確認を促す助言）
⑩反対意見ばかりが目立つとき（改善すべき視点を促す助言）
⑪単発の意見が目立つとき（前の意見との関連性を促す助言）
⑫発言に詰まって困ったとき（発言者の意図を補うような助言）

用語解説

〔実践不可能〕

ある物事が実現できない状況のことであり、学級会での話合いにおいては、事前に決まっていることが不明瞭な場合に多く見られる。

集会活動

特活主任の先生が担任している学級の子供たちの集会活動をする姿は、とても輝いて見えます。

初任者研修の折、初任者の教師が私に話した言葉です。私は、何が理由でそのように見えるのか、初任者に尋ねてみました。初任者は、「特別活動の指導の違いですか」と答えました。

学級での「**集会活動**」は、休み時間の遊びとは異なります。教育課程に位置付く学級活動としての集会活動は、教師の適切な指導の下に行われます。子供が学級会での話合いによって計画し、自分たちで運営しながら、楽しい学級生活や仲間とのよりよい人間関係を築くために行います。何を目的として行うのか、準備から実践、振り返りの一連の活動を通じて「提案理由」や「**めあて**」を考えて実践することになります。具体的には、次のような手順で活動することが考えられます。

○学級会で話し合って決定したことを基に「活動計画」を立てます。

用語解説

〔集会活動〕

ここでは、教育課程として学級活動に位置付く授業として実践する集会活動を指す。

用語解説

〔めあて〕

ねらいや目的、よりどころのことで、ここでは集会活動を実践する際の意義、目的を指す。

○活動計画に沿って、実践する上で「必要な係」を再確認します。
○設定した係の仕事を学級全員で「分担」します。
○実践活動に必要な用具や会場設営などの「準備」を行います。
○活動のめあてを確認し、計画に沿って集会活動を「実践」します。
○計画に沿って、授業の時間内に全員で「後片付け」を行います。
○個人と集団を対象として、集会活動の「振り返り」を行います。
○活動の振り返りを基に全員で評価を行い、「次の活動」に生かします。

集会活動は、学級生活の充実と向上を目指した活動のねらいが重要です。

例えば「クラスの誰もが活躍できるような学級ギネス集会を行う」場合には、「空き缶積み立て競争」「箸《はし》での豆つかみ競争」「紙飛行機とばし競争」「ペットボトルボーリング」など、普段、運動の得意でない子供にも勝つチャンスがあるような種目を設定するなどの方法を考え、互いに認め合う活動を展開していくことも効果的です。

実践に当たっては、「学期に一、二回程度で実施する」という回数や、「**一単位時間**で行う」という時間設定、「教室で行うことを基本とする」という場の設定、「多

用語解説

【一単位時間】

小学校では四十五分間、中学校では五十分間を基準とし、ここでは学級活動としての一単位時間を活動時間とすることが望ましい。

様な種類の集会」による多様な活躍の場の確保という視点も再確認しておくことが求められます。

このような視点を含め、次に集会活動の六つの視点と活動例を取り上げます。

ポイント

●学級集会活動の六つの視点と活動例

①「**友達に関する集会活動**」：誕生日会・ようこそAさんの会など
②「**お楽しみ会的な集会活動**」：ゲーム大会・何でもバスケットなど
③「**スポーツ的な集会活動**」：オリンピック集会・ギネス大会など
④「**季節に関する集会活動**」：こいのぼり集会・豆まき集会など
⑤「**文化的な集会活動**」：手作り楽器音楽会・イラストコンクールなど
⑥「**発表会的な集会活動**」：係活動発表会・夏休み頑張り発表会・読書発表会など

14 道徳科の評価

道徳が特別の教科となり、教科書が導入されて、道徳の評価は変わったのでしょうか。

学校評議員会で、評議員の方から質問がありました。

学習指導要領の一部改正（平成二十七年）において「特別の教科　道徳」（道徳科）が教育課程に位置付けられました。それに伴い、授業では子供の学習状況を把握し、継続して行ってきた学習活動で子供の学びを成長の様子を評価し、その内容を指導要録や各学校の通信簿などに記録として残すことになりました。

道徳科の授業は、子供の道徳性を養うために、「道徳的な判断力、心情、実践意欲と態度（道徳性を構成する諸様相）を育てること」を目標としています。本来であれば、授業のねらいである道徳性がどれだけ養われたのかを諸様相に応じて評価するのが基本ですが、道徳科の授業で子供に道徳性が養われたかどうかを評価することは困難です。

道徳科では、「道徳性そのものを評価するのではなく」、道徳性を養うために行わ

用語解説

〔学校評議員会〕

校長の求めに応じて、学校運営に関して意見を述べる人員のことで、学校評議員制度は、学校教育法施行規則第四十九条に定められている。

れる学習活動において、「子供がどのように学んでいるか」「その学習状況及び成長の様子を継続的に見取り、評価すること」としています。また、道徳科では、評価の「観点」ではなく、評価の「視点」としています。他の教科等のような「知識・技能」「思考・判断・表現」「主体的に学習に取り組む態度」という観点別に評価することは適切ではなく、道徳性の諸様相をそれぞれに切り離して評価することも馴染まないからです。具体的には、道徳科の授業における評価の「視点」とは、例えば次のような子供の姿として考えられます。

○道徳的価値を理解し、そのよさや難しさを感じている。
○問題や課題を他人事でなく、**自分事**として受け止めている。
○これまでの自分の体験から、感じたり考えたりしたことを想起して考えている。
○物事に対して、一つの見方だけではなく、多面的・多角的に捉えて考えようとしている。

道徳科における評価の基本的な考え方は、認め、励ます評価を行うことです。そ

用語解説

〔自分事〕
対象の物事について当事者意識をもち、自分のこととして捉えること。

の評価に当たっては、教師と子供の人格的な触れ合いによる**共感的な理解**が基盤となります。

ポイント

●道徳科における評価の基本的な考え方

○数値による評価ではなく、記述式とします。

○個々の内容項目ごとの評価ではなく、大くくりなまとまりを踏まえた評価にします。

○他との比較ではなく、個々の子供の成長を積極的に認め、励ます個人内評価とします。

○多面的・多角的な見方、道徳的価値の理解を自分との関わりで深めたかを評価します。

○発達障害等のある子供の学習上の困難さを踏まえた指導及び評価上の配慮をします。

○調査書に記載せず、入学者選抜の合否判定に活用することのないようにします。

用語解説

〔共感的な理解〕

相手の話を相手の立場になって、共感しながら理解しようとする態度のこと。

コラム ③

「今、K君は、こう言いました」
(児童集会での閉会の言葉)

「今、K君は、こう言いました」

K君は、4年生の代表委員に選出されました。K君は、何事にも一生懸命に取り組み、いつも笑顔の絶えない子供でした。そして、K君は、言語に障害のある子供でした。

学級の中で、K君は人気者でした。発する言葉の内容は周囲の友達に理解されにくい面がありましたが、学級の中では誰もが理解しようと努め、よい人間関係が築かれていました。

しかし、代表委員となって全校の前で話すK君の言葉を、子供たちは聞き取ることができません。そこで、6年生がK君の言葉を復唱することになったのです。特活主任は、全教職員にK君の言語障害の状況を説明し、「全校の子供たちがK君の発表を絶対に笑わないように指導してほしい」と情熱を込めて依頼しました。

当日の児童集会。K君は、精いっぱいの終わりの言葉を発表しました。その後、6年生の代表委員が「今、K君は『これで児童集会を終わりにします』と一生懸命に発表しました」と話しました。

そのとき、誰一人笑うような子供はなく、それどころか会場から子供たち全員の万雷の拍手が送られたのです。児童会を担当していた特活主任は、頬を伝う熱い涙を感じながら、特別活動で学校の空気を変えることができると確信しました(実は、この特活主任は、若かりしころの筆者です)。

④ コラム

「先生、やっぱ、俺のクラスはここだった」(転校したE君の一言)

「先生、もう怒らなくていい。私たちが何とかするから」

現在、発達障害等、学級の中で困難さを抱えている子供が平均してクラスに1割程度いるという報告があります。このような状況下でどう学級経営をマネジメントしていくかが学級担任に問われています。

冒頭の言葉は、私が学級担任の時代に、情緒の不安定な子供に対して私が力で抑えようとしていたときに、子供から言われたものです。その後、私は子供同士の関わりを深めていくような活動を積極的に取り入れていきました。このような子供に対しては、対処療法も必要ですし、教育相談的な手法も大事だと思います。しかし、子供同士のよりよい関わりの中で、子供の気持ちは安定し、二次障害となるような不安定さを避けることができると考えられます。

この子供は横浜の学校に転校しましたが、ある日、転校先の学校の朝会終了後、教室に戻るときに、上履きを履いたまま私の学級に戻ってきました。「先生、やっぱ、俺のクラスはここだった」と言って……。

この行為は、無謀であり許されるものではありませんが、一面では子供同士のつながりの深さを物語っているのだと思います。

子供たちが大切な学級の仲間として接していたからこそ、その子にとってはこの学級が自分の居場所だったのでしょう。この子は、再度転入して卒業していきました。

第４章【引用・参考文献】

●『総合教育技術　2017年度版8月号増刊』「『対話』にあふれ、『深い学び』を生み出す『学級経営』」　稲垣孝章(2017)小学館

●『総合教育技術　2019年10月号』「『楽しく豊かな学校をつくる』特別活動の理念を生かす学校経営Q＆A　第7回10月　学び合いのグループ学習へ」稲垣孝章(2019)小学館

●『総合教育技術　2019年11月号』「『楽しく豊かな学校をつくる』特別活動の理念を生かす学校経営Q＆A　第8回11月　リーダーシップの活用」稲垣孝章(2019)小学館

●『話し合いの学習の計画と実践　上・下』　岸田元美編 (1979)明治図書

●『総合教育技術　2019年12月号』「『楽しく豊かな学校をつくる』特別活動の理念を生かす学校経営Q＆A　第9回12月　単なる体験から気付きの学びへ」　稲垣孝章(2019)小学館

●『学校教育の社会心理学』　小川一夫編(1985)北大路書房

●『小学校学習指導要領(平成29年告示)解説　総合的な学習の時間編』文部科学省(2018)東洋館出版社

●『道徳と特別活動 2018年7月号』「道徳科の授業のストライクゾーン 第4回道徳科における指導と評価の一体化」　浅見哲也(2018)文溪堂

●『道徳と特別活動 2019年1月号』「道徳科の授業のストライクゾーン 第10回道徳科の授業で見取る児童の評価」　浅見哲也(2019)文溪堂

●『特別活動で、日本の教育が変わる！　特活力で、自己肯定感を高める』杉田　洋・稲垣孝章(2020)小学館

第５章【引用・参考文献】

●『総合教育技術　2020年3月号』「楽しく豊かな学校をつくる　特別活動の理念を生かす学校経営Q＆A　第12回　年度末の学級経営の総まとめ」稲垣孝章(2020)小学館

●『評価を上手に生かす先生』　石田恒好(1988)日本図書文化協会

第5章

学級・学校生活後半の一般教養

1～2月

第5章 1

卒業前の教育活動

校長先生、六年生は卒業に向けて、卒業プロジェクトを構想しています。

これは、六年生の学年主任が卒業に向けて、学年として取り組んでいきたい教育活動について、説明をしてくれたときの言葉です。

感動の卒業式の基盤は、事前の構想と準備の活動にあります。学校として、学年として、また学級担任として、どのような理念で卒業式に臨むかによって具体的な実践が異なり、事前の準備も変わってくるものです。一月になると、一年間のまとめとしての行事や、卒業に向けての様々な活動が展開されていきます。中学校での入学説明会（私立中学校等の受験）や最後の授業参観、クラブ発表会や卒業を祝う会、地域の方を招いての感謝の会などを実施する学校もあります。特に、学年主任には、これらの行事等を含めて、卒業に向けた明確な**ビジョン**をもって、タイムスケジュールを管理していくことが求められます。例えば、次のような指導内容等を基にタイムスケジュールを作成することが考えられます。

用語解説

〔ビジョン〕

現在から未来のある時点までにどのような発展を遂げたいかという将来に向けて見通しをもった構想や未来像を指す。

【項目】①公簿等の作成（通信簿・**指導要録**の作成計画等）、②学校内外の諸活動（感謝の会・指導ボランティア活動の計画等）、③学級での諸活動（進学に向けた指導・カウントダウンの活動等）、④卒業式関係（呼び掛け作成・卒業式の練習等）、⑤その他

冒頭の卒業プロジェクトについては、次のような実践例があります。

ポイント

●卒業プロジェクト（例）

【学年・学級】**友達カルタ**の活動／カウントダウンの活動／心に残る言葉伝達の活動／学級卒業証書づくりの活動／呼び掛けづくりの活動／卒業を祝う会の出し物の活動／決意表明の活動／卒業制作の活動／ボランティア活動／感謝の会の活動　など

【下級生】各教室への本棚の贈呈／全校・学年ごとに一緒に遊ぶ

【教職員】校長先生サプライズ／学級担任・先生方への感謝状贈呈

【保護者】感謝の会への招待・接待／作品・お礼の手紙のプレゼント

用語解説

〔指導要録〕

子供の学籍並びに指導の過程及び結果の要約を記録し、その後の指導及び外部に対する証明等に役立たせる原簿となるもの。（学校教育法施行規則第二十四条）

用語解説

〔友達カルタ〕

ここでは、主に学級全員のよさを中心に特徴を取り上げてカルタとして作成し、カルタを楽しむ活動等を展開することを指す。

【地域の方】 感謝の会への招待・接待／日常の挨拶・お礼の手紙

卒業前の教育活動には、様々な活動があります。それぞれの行事や活動の意義を踏まえ、計画的に実施するとともに、子供たちが主体となって活動するための支援の在り方を学年で共有することが求められます。

▲「ありがとう集会」を開催しています

▲カラーボックスにイラストなどを描いて「本棚」を作製しています

評価活動

先生は、私たちの発表をメモばかりして、ちゃんと話を聞いてくれない気がします。

これは、評価に焦点を当てて研究をしている学校で研究授業を参観した後に、子供たちに感想を聞いてみたときの言葉です。何のための評価なのか考えさせられた言葉でした。

教育評価とは、「教育によって生じた児童生徒の人格や行動などの変化を、一定の評価**基準**に照らして判定することを中心に、その変化の背景となっている諸条件をも判定し、改善しようとする営み」です。教育指導についての「反省と改善」であり、授業の中では「確認と調整」となります。テストは、「教育評価」ではなく「**教育測定**」と捉えます。

評価には様々な用語がありますが、教師の中にはそれらを混同している現状もあるようなので、ここで混乱しやすい評価用語の一部について確認します。

用語解説

〔基準〕
行動や判断の根拠となる物や数値のことで、ここでは量的判断である評価基準を指す。

用語解説

〔教育測定〕
標準テストなどによって評価の結果を客観的、標準的に測定すること。

○評価の観点：子供に身に付けさせたい力の領域として「知識・技能など」を示したもの
○評価規準：何を評価するのか「質的」な判断の根拠（「～しようとしている」など子供の姿）
○評価基準：どの程度なのか「量的」な判断の根拠（「Aは90点以上、Bは70点以上」など）
○個人内評価：本人の前の成績や他の成績と比べて、本人としてどうかを評価する方法
・横断面的個人内評価：本人の様々な諸特性を相互に比較して、本人の長所、短所を評価
・縦断面的個人内評価：本人の前の成績、状況を比較して、本人の進歩の様子を評価

クックは、「最も有効な評価は、学習者自身からなされる評価であり、次に意味のある評価は、先生とクラスメイトからの評価であり、第三に意味のある評価が、そのクラスの外からの評価である。なぜならば、先生とクラスメイトからの援助は、子供自身に直接与えられるが、クラスの外からの者が子供自身に影響を及ぼす機会は、間接的だからである」と述べています。

子供による自己評価は、評価活動の中核となるものです。しかし、評価カードの基準は、一般的には「よくできた・できた・もう少し」といった表記が見られます。

用語解説

〔クック〕

ロイド・アレン・クック（一八九九～）は、アメリカの教育社会学者。社会学の理論と技術を教育に応用する教育社会学の立場を強調した人物（新教育社会学辞典より）。

例えば、評価項目を「授業での発表」として設定した場合、なかなか発表できない子供は「できなかった」という欄に印をつけることになります。その際、「前の自分より努力した」という基準を設けることにより、自己肯定感を高める評価に直結していきます。

次のような適切な「評価の手順」を踏んでこそ、指導と評価の工夫改善が可能となります。

ポイント

○**評価の「目的と対象の特定」**
「何のために、何を評価するのか」という、評価の目的と対象を特定します。

○**評価の「方法と場面の設定」**
「どのような方法、場面を評価するのか」という、評価の方法と場面を設定します。

○**評価の「実施者と実施時期の選定」**
「誰が、いつ評価するのか」という、評価の実施者と実施時期を選定します。

○**評価の「結果の解釈と活用」**
評価によって得られた結果を分析し、解釈して、次の指導に活用します。

通信簿の所見

「通知表」「通知票」「通信簿」など、いろいろな名称がありますが、どれがよいのでしょうか。

実は、これは校長会で質問されたことで、それについて私は次のように答え、説明しました。

「結論から言うと、『通信簿』が適切だと思います」と。

現在は、多くの教育雑誌や書籍等で、「通知表」という言葉が用いられています。文部科学省でも、今はこの言葉を用いることがあるようです。しかし、私は「通信簿」が望ましいと考えます。それには、次のような理由があります。

「通知票」の票は、かつて個人の成績を順に公表していた時代に、それを示す短冊としての意味をもち、教師が保護者に一方的に成績等を通知するものでした。「通知表」も成績の一覧表として、同様に教師からの保護者への通知として一方通行となります。「通信簿」は、教師と保護者が通信する準公簿としての意味合いをもち、**相互交流**を図るものとなります。ゆえに、その書式には、教師の所見欄だけでなく、

用語解説

〈相互交流〉

「interaction」の訳語として、二つ以上のものが互いに影響を及ぼし合うことを指す。相互作用、交互作用と同意義語。

保護者の返信欄は不可欠なものとなります。学校だけでなく、保護者と連携を図って子供のよさを見取りながら、共に子供を育てていくという視点で「通信簿」を作成することが求められているのです。

次に「通信簿の所見」作成上の七つのポイントを取り上げます。

ポイント

①所見の表記は、保護者向けの文章にします。
②専門用語は避け、平易な文章表現にします。
③他と比較せず、その子なりの「よさ」を取り上げます。
④課題となることの表現には配慮し、意欲を高める文章にします。
⑤子供の課題は、教師の指導不足と捉えるようにします。
⑥学級担任の**主観**で独断や偏見とならないようにします。
⑦誤字脱字や主述の歪みなどに十分に注意します。

通信簿の仕上げは、「言葉掛け」と言われます。

通信簿は、一人一人の子供を教師のそばに呼び、子供の表情を見ながら「個別」に、その子に応じた言葉掛けをして手渡すことが基本となります。

用語解説

〔主観〕

判断や行為が個々の人間の認識や意識に依存することであり、個人的な見解に基づく意見など。

ほかには、全体の前で一人一人に手渡す方法もあります。この方法は、教師と子供の個人的な言葉のやりとりをすることは難しい面がありますが、個のよさを他の子供たちに広げるというよさはあります。どちらも共通するのは、教師が子供一人一人に通信簿を直接手渡すということです。特に、通信簿を手渡す前に、子供たちに通信簿を受け取る心情を耕しておくことが大切です。例えば年度末であれば、具体的には、次のような話が考えられます。

> 「これから、みなさんに○年生最後の通信簿を手渡します。この通信簿は、私がみなさん一人一人に、そしてこれまでみなさんを支えてくださった保護者のみなさんに贈る最後のメッセージでもあります。ですから、ほかの人と比べるものではありません。私が名前を呼んだら私の隣に座ってください。一人一人の頑張ったことを伝えながら通信簿を手渡します」

キャリア・パスポート

「キャリア・パスポート」の計画はどうしたらよいですか。

これは、新型コロナウイルス感染症対策の渦中にあるころに、ある学校の校長先生から問われた言葉です。まだ、学校では意義も書式もよく分からないという段階でした。まず、その意義について取り上げました。

> 「キャリア・パスポート」とは、子供が小学校から高等学校までの**キャリア教育**に関わる諸活動について、特別活動の学級活動及びホームルーム活動を中心として、各教科等と往還し、自らの学習状況やキャリア形成を見通したり振り返ったりしながら、自身の変容や成長を自己評価できるように工夫されたポートフォリオのことです。

子供にとっては、小学校から高等学校を通して、自らの学習状況やキャリア形成

用語解説

〔キャリア教育〕
一人一人の社会的・職業的自立に向け、必要な基盤となる能力や態度を育てることを通してキャリア発達を促す教育（平成二十三年中央教育審議会答申）。

を見通したり、振り返ったりして自己評価を行うとともに、主体的に学びに向かう力を育み、自己実現につなぐものとなります。教師にとっては、その記述を基に対話的に関わることによって、子供の成長を促し、系統的な指導に役立てるものです。「キャリア・パスポート」の様式は、各教育委員会や各学校で**カスタマイズ**することが求められます。様式については、「Ａ４判（両面使用可）・各学年五枚以内」とされています。この規定から、小学校では三十枚、中学校・高等学校ではそれぞれ十五枚以内の紙面量になることから、それに値するファイル等を保管する場所への配慮も必要です。

校内における学年間での「キャリア・パスポート」の引き継ぎは、教師間で行うことが原則となり、校種間の引き継ぎは原則、子供を通じて行うことになります。受け入れた中学校・高等学校では、入学式前後の早い段階で、それまでに作成してきた「キャリア・パスポート」の提出を求め、子供理解の活用に努めることが求められます。

特に、年度当初の「キャリア・パスポート」の作成については、各項目に応じて次のような視点で配慮することが大切です。

用語解説

〔カスタマイズ〕
既存の商品などに手を加えて、好みのものに作り変えること。

ポイント

●「各項目の記載事項」の配慮事項

①「**写真**」を扱う場合は、データの扱いなど教師が情報管理に気を付けます。

②「**自分のよいところ**」は、他との比較ではないことを再確認します。

③「**好きなこと**」が、将来の夢につながることもあることを伝えます。

④「**なりたい自分**」は、一年間で目指す自分をイメージできるようにします。

⑤「**挑戦したいこと**」は、行動目標として意思決定できるようにします。

⑥「**実践カード**」は、定期的に振り返り改善できるように、別紙を作成して活用します。

⑦「**学校行事等**」への主体的な参画は、自分なりの役割を果たすようにします。

⑧「**学校外での取組**」は、自分だけでなく、他のためにできることを考えるようにします。

⑨「**教師のコメント**」は、その子なりの努力を認めるような称賛の言葉を記載します。

⑩「**保護者のコメント**」は、**家庭の事情**を考慮してほかの人からのコメントも配慮します。

用語解説

〔家庭の事情〕

ここでは、家庭でのコメントを書くことが困難な事情があることを指す。

第5章
5

学級で作成する卒業証書

我が家では、先生が作ってくださった卒業証書を額に入れて飾ります。

これは、私が学級担任であったとき、卒業生の保護者が話してくれた言葉です。当時、私は、卒業式当日、卒業生一人一人にその子なりの言葉をしたためた「学級担任からの卒業証書」を作成して手渡していました。この実践を六年生の学級担任に何気なく話したところ、先生方は、見事に私の実践を凌駕するすばらしい実践を披露してくれました。

私は、「学級担任から子供へ」という実践でしたが、先生方が実践したのは、「子供から子供へ」の卒業証書でした。子供たちが学級の一人一人に対しての感謝の思いを箇条書きにしたものを学級担任が卒業証書用の文章としてまとめたものです。そして、その文章を筆文字で書いた用紙の上から、子供たちが筆ペンでなぞるというものです。当然、学級担任の労力は、大変なものと思います。また、子供たちの作業も計画的に進めなければなりません。**働き方改革**と言われる昨今ですが、この

用語解説

〔働き方改革〕

「働き方改革を推進するための関係法律の整備に関する法律」のことで、個々の事情に応じた多様で柔軟な働き方を、自分で選択できるようにするための改革。（厚生労働省）

ような教師としての情熱は普遍だと思います。

校長として、この活動をサポートしたことは、子供たちに担任の先生への感謝の言葉を聴取し、その言葉を基に「子供から担任の先生へ」の卒業証書を作成したことです。これは、校長室で内密に作業を行って、学級の子供たちから担任の先生にサプライズで手渡すというものです。

感動の卒業式は、教師の確かな指導理念に基づいた情熱あふれる根気強い実践の中にあることを、改めて職員から教えてもらった教育活動でした。

子供同士で作成する卒業証書の実践は、次のような手順で行われました。

ポイント

●子供同士で作成する卒業証書の実践例

①朝の会や帰りの会などを通じて、日常的に子供たちが互いのよさを見付け、認め合う活動を展開するとともに、「友達カルタ」や「**特技発表会**」の活動などを実践します。

②子供たちが、学級内の一人一人の子供に対して、一年間思い出やその子のよさを見取って箇条書きにして学級担任に提出します。

③学級担任は、提出された文章を基に、一人一人に合った文章を卒業証書のよ

用語解説

〈特技発表会〉

ここでは、一人一人の特技等を皆に披露し、互いのよさを認め合う活動などを指す。

うに作成し、筆文字で子供たちがなぞりやすいように下書き用として仕上げます。

④学級担任が作成した下書きを基に、子供が筆ペンで作成し、台紙に貼ります。

⑤卒業式前に、学級としての卒業を祝う会で、子供同士で手渡しします。

▲友達への卒業証書を作成

▲子供が卒業式当日に学級担任に卒業証書を渡す

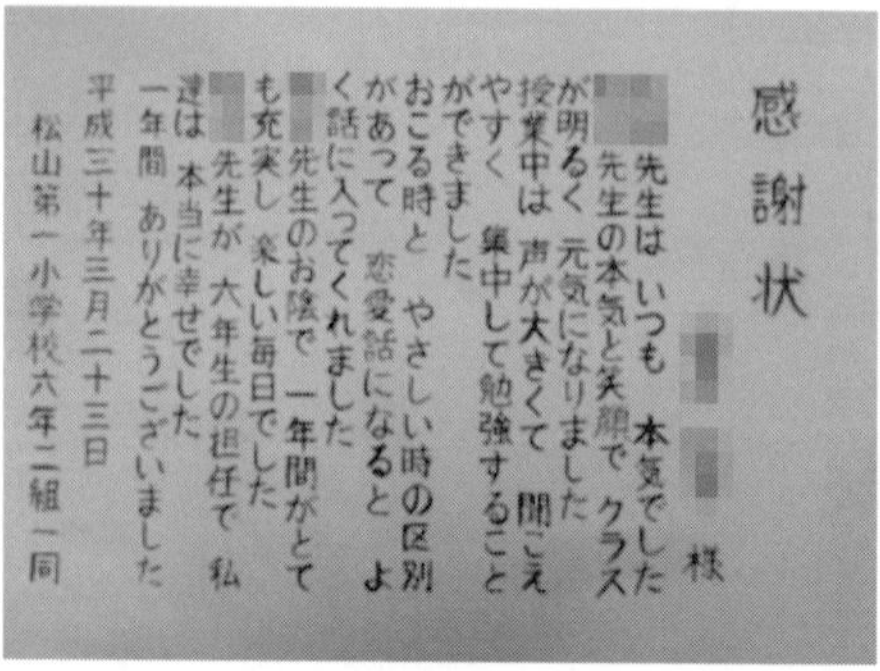

感謝状

[redacted] 様

[redacted]先生は いつも 本気でした
先生の本気と笑顔で クラス
が明るく 元気になりました
授業中は 声が大きくて 聞こえ
やすく 集中して勉強すること
ができました
おこる時と やさしい時の区別
があって 恋愛話になると よ
く話に入ってくれました
[redacted]先生のお陰で 一年間がとて
も充実し 楽しい毎日でした
[redacted]先生が 六年生の担任で 私
達は 本当に幸せでした
一年間 ありがとうございました

平成三十年三月二十三日
松山第一小学校六年二組一同

▲学級担任への卒業証書

⑤ コラム

子供との面談で実現したこと
(靴履き用のベンチ)

「校長先生、お年寄りの人たちが靴を脱いだり履いたりしやすいベンチができませんか」

これは、6年生が校長に提案として依頼してきた言葉です。そのとき、私はこう応えました。

「すばらしい提案をありがとう。こういうことに気が付かない校長でごめんね。すぐに、私が購入して設置するからね。学校のことを考えてくれてありがとう」

そして、その日のうちにホームセンターに出向いてベンチを購入し、設置しました。実は、この提案は、「学校のリーダー6年生と校長との面談」と題して、私が校長として赴任した3校で実践してきた面談の中で出されたものです。このベンチの脇に、教頭が次のように表示してくれました。

> 靴の脱ぎ履きの時に
> お使いください。
>
> 6年生から「来てくださった皆様が使いやすいようにしたい」との提案があって設置しました。

▲6 年生一人一人、全員と面談

▲設置した来校者用のベンチ

子供たちに伝えたい名言・格言（例）

冬休み明けの一月ごろになると、子供たちの中に少しずつ卒業や進級に向けての意識が高まってきます。このような時期、帰りの会などで様々な名言・格言を紹介し、家庭でも話題にしてもらうと、日々の学校生活や家庭生活の向上に向けた意識を高めるきっかけになります。

①天才とは、1％のひらめきと、99％の努力である。…………（発明家：エジソン）

②友情は、喜びを二倍にし、悲しみを半分にする。…………（独詩人：シラー）

③成功も失敗も、私たち自身の中にある。…………（米詩人：ロングフェロー）

④気力は目に出る、生活は顔色に出る、教養は声に出る。…………（作家：土門　拳）

⑤調子が悪い時こそ、全力でプレーすることが大事。…………（元プロ野球選手：イチロー）

⑥己の欲せざる所は人に施すことなかれ。…………（中国思想家：孔子）

⑦人の長所が多く目につく人は幸せである。…………（経営者：松下幸之助）

⑧昨日から学び、今日を生き、明日へ期待しよう。…………（独物理学者：アインシュタイン）

⑨努力する人は希望を語り、怠ける人は不満を語る。…………（小説家：井上　靖）

⑩父母の恩を感ぜずんば、汝の親友となる者なかるべし。…………（ギリシャ哲学者：ソクラテス）

⑪大事をなしうる者は、小事もなしうる。…………（ギリシャ哲学者：アリストテレス）

⑫勝つは負ける日の初め、負けるはやがて勝つ日の初め。…………（小説家：吉川英治）

教師に伝えてきた名言・格言等の言葉

全職員に一週間の校長としての指針を伝えたり、教育活動を称賛したりするために、週に一度「校長室だより」を発行しました。ある学校では、特別支援学級が四学級あり、市費の介助員が十一名配置されており、朝の打ち合わせに参加できない職員が全体の三分の一ほどいて、直接言葉で指示することができない状況もありました。次に巻末に掲載してきた言葉の一例を取り上げます。

⑬幸せだから「笑顔」なのではなく、「笑顔」だから幸せになれるのです。
⑭自分の「やりたいこと」は、今、「やらなければならないこと」の向こう側にあります。
⑮「責任」とは、必ず人間関係の中で発生し、人に対する愛情や感謝から生まれてきます。
⑯現実的な目標は、具体的な目標を促し、内的な成功体験は、行動を持続させます。
⑰「素早い行動は、最大の誠意」であることを念頭に置いて子供に接していきましょう。
⑱教育の扉は、内側からしか開かないようにできているのです。
⑲二流のリーダーは成功を促し、一流のリーダーは安心して失敗できるようにします。
⑳悲観主義は気分に属し、楽観主義は意思に属すると言われています。
㉑聞いた事は忘れ、見た事は思い出し、体験した事は理解し、気付いた事は身に付きます。
㉒働くことは「他《はた》を楽に」すること、その基盤は「心を込めて尽くす」ことです。
㉓二流のリーダーは「教える」、一流のリーダーは「気付かせる」。
㉔教育は暗示をかけること、否定的な言葉を使わず「君ならできる」との肯定的な言葉を使います。

おわりに

子供たちに内在する「よさや可能性は無限」という言葉を私は信じています。

しかし、この子供に内在する力を引き出すのは大人の在り方、子供への接し方によるものだと思います。なかでも、子供の人格形成の重要な役割を担う義務教育段階の学校教育において、子供を指導する教師の役割は極めて重要であることは誰もが認めることでしょう。

「指導」とは、「指」差し「導」くと書きます。教師が子供たちの実態をどのように捉え、どのような考えをもって、どのような方向に向けて指導していくかによって、個々の子供たちに即したよりよい成長のベクトルも変わってくるものと思います。それが、教師としての学級経営の大切さであり、管理職としての学校経営の重要性であると思います。

ゆえに、様々な教育環境の中で「最大の教育環境は教師自身」であると、私は考えます。

教師が成長するには、研究と修養が不可欠であることは事実です。しかし、私の経験では、そこには人とのよりよい「出会い」が重要になると感じています。

私は、幸せなことに、特別活動の歴代教科調査官の先生方にご指導いただき、特別活動の基礎基本、そして新たな時代に向けての求められる実践についてご示唆いただきました。

成田國英先生には、平成十年度改訂の学習指導要領改訂委員会の主査としてご指導いただきました。講演会で、時計を持たれずに「そろそろ時間になりますでしょうか」と話されながら時間ぴったりに話をまとめられる姿に、いつも感銘を受けていました。今でも、研究会等でお会いすると、ポンと肩を叩いてくださり「稲垣さん、元気かい」と声を掛けてくださる姿に勇気をいただいています。

宮川八岐先生には、学級担任時代から埼玉県特別活動研究会で長くご指導いただき、まさに私の特別活動の理念の基盤をつくっていただきました。宮川先生が教科調査官当時から指導され、特別活動の研究を二十七年間継続している千葉県八千代市立大和田小学校の研究に、文部科学省の安部恭子調査官と一緒に携わらせていただいていることにも心から感謝しております。すでに十年間も一緒に授業研究会に同行させていただいており、感謝に堪えません。また、宮川先生には、多くの原稿執筆の機会も与えていただきました。「精いっぱいの思いやり」との言葉、私も肝に銘じ、人生訓にしたいと思っています。

杉田洋先生とは、年齢が近いこともあり、学級担任時代から埼玉県特別活動研究会でお世話になりました。まさに、日本の「特活」を世界に広げるとともに、世界から日本の「特活」のすばらしさを改めて伝えてくださる杉田先生。今、まさに杉田先生のご指導により、特別活動の裾野が全国に、世界にと広がっています。幸いなことに『特別活動で、日本の教育が変わる！』（令和二年・小学館）を共に刊行させていただきましたこと、また、二人の愚息も國學院大學での長期研修生としてご指導いただきましたこと、親子ともども感謝に堪えません。

安部恭子先生とは、私が教務主任、指導主事時代、安部先生がさいたま市の学級担任としてきらきら輝いている実践者であったときの出会いです。埼玉県特別活動研究会で、一緒に学び合ってきた仲間でもありました。予測困難な新しい時代の教科調査官として奮闘されている安部先生の笑顔は、全国の実践者に勇気を与えてくださっています。幸いなことに『「みんな」の学級経営1、2年』（平成三十年・東洋館出版社）を共編著させていただきましたことにも心より感謝しております。

そして、特別活動の研究、実践に本気で学ぶことのすばらしさを教えていただいた埼玉県特別活動研究会。特に、直接薫陶いただいた第十九代会長の石塚忠男先生をはじめとする歴代会長の先生方、県内四百名を擁する専門委員会の先生方、事務局として汗を流して特別活動を推進していただいている先生方に心より感謝申し上げます。

「人は、人との出会いによって大きく人生が変わる」と言われます。

今回、このように連載の原稿等を書籍にまとめる機会をいただいたことは、まさに人との「出会い」によって可能となったことです。全ての「出会い」に感謝するとともに、常に私のやりたいようにさせてくれた妻や家族に心から感謝しています。

本書が、「子供を教育の中核に据える先生方」の教育活動の一助になれば幸いです。

「幸せ」だから「笑顔」なのではなく、「笑顔」だから「幸せ」になれることを信じて。

令和三年十月

稲垣孝章

〈著者紹介〉
稲垣 孝章(いながき・たかふみ)

埼玉県小学校教諭、東松山市教育委員会指導主事、教頭、小学校長として３校で特別活動の研究を推進。道徳と特別活動の教育研究賞での学校研究の校長としての実践論文が「文部科学大臣賞・最優秀賞 学校(団体)」を２校で受賞。定年退職後は、東松山市立総合教育センター所長を経て、令和２年10月から教育委員。城西国際大学では特別活動論、総合的な学習の時間の指導法、生徒指導、道徳教育の理論と方法などを担当。

平成10年「小学校学習指導要領(特別活動)」(文部省)作成協力者、平成30年度文部科学省作成「心のバリアフリーノート」作成協力者等の委員を歴任。

全国道徳特別活動研究会顧問、全国特別活動研究会顧問、全国小学校学校行事研究会相談役、埼玉県特別活動研究会顧問(第24代会長)。日本特別活動学会会員。

〈著書等〉
『ワクワクウキウキ楽しい学級遊び100』『学級通信早わかり』『ワクワクウキウキ英語で学級遊び30』『係活動早わかり』『特別活動で日本の教育が変わる』(以上共著・小学館)、『「みんな」の学級経営1，2年』(共編著・東洋館出版社)。現在も、特別活動、学級経営、学校経営の連載を含め、教育雑誌等に執筆。多くの学校の特別活動の研究授業の指導者として、また、特別活動、学級経営、家庭教育等での各地での講演も多い。

●この本は月刊誌『道徳と特別活動』にて、2016年4月号から2021年9月号までに連載された内容を再編集・加筆したものです。

編集協力／株式会社 聚珍社
表紙・デザイン・DTP／スタジオ1043

1年間で学級・学校経営が劇的に変わる「教師の一般教養」

2021年11月　第１刷発行

著　者／稲垣孝章
発行者／水谷泰三
発行所／株式会社**文溪堂**
東京本社／東京都文京区大塚3-16-12　〒112-8635　TEL(03)5976-1311(代表)
岐阜本社／岐阜県羽島市江吉良町7-1　〒501-6297　TEL(058)398-1111(代表)
大阪支社／大阪府東大阪市今米2-7-24　〒578-0903　TEL(072)966-2111(代表)
ぶんけいホームページ　https://www.bunkei.co.jp/

印刷・製本／株式会社 太洋社

ISBN　978-4-7999-0445-9　NDC375　175P　127mm×188mm